Rafik Schami

# Ich wollte nur Geschichten erzählen

Mosaik der Fremde

dtv

Ausführliche Informationen über
unsere Autoren und Bücher
www.dtv.de

2019 dtv Verlagsgesellschaft mbH & Co. KG, München
Lizenzausgabe mit Genehmigung der Hirnkost KG
und des Verlag Hans Schiler
© 2017 Hirnkost KG, Berlin
© 2017 Verlag Hans Schiler, Tübingen/Berlin
Umschlaggestaltung: dtv nach einem Entwurf
von Tim Mücke unter Verwendung eines Bildes von Root Leeb
Satz: C.H.Beck.Media.Solutions, Nördlingen
(Satz nach einer Vorlage des Verlag Hans Schiler)
Druck und Bindung: Druckerei C.H.Beck, Nördlingen
Gedruckt auf säurefreiem, chlorfrei gebleichtem Papier
Printed in Germany · ISBN 978-3-423-14694-4

*Für E. Sarkis und R. Elisabeth Maria*
*in Verbundenheit*

## Vor dem Beginn ...

Unser Leben ist keine stetige Linie. Es ähnelt eher einem Mosaikgemälde. Je näher man kommt, umso sichtbarer werden die Bruchlinien, umso charaktervoller die einzelnen Steine.

Deshalb entschied ich mich dafür, eine komplexe Angelegenheit in ihre Steine zu zerlegen, und sollte ich einen Stein vergessen oder übersehen haben, so ist es eine Anregung für die Leserinnen und Leser, diese Lücke in Gedanken für sich oder im Dialog mit Freundinnen und Freunden zu füllen.

Nichts Schöneres kann einem Text passieren.

# Neue Geburt

Das Flugzeug landete am 19. März 1971 pünktlich in Frankfurt. Die Beamten von der Passkontrolle waren höflich. Der Zollbeamte wunderte sich über den Inhalt meines Koffers, der zu einem Drittel aus Heften bestand. »Was ist das?«, fragte er mich auf Englisch.

»Mein Schatz«, erwiderte ich.

»Ein Schatz aus Papier?«, lachte der Beamte.

Ich nickte, und wir trennten uns mit einem Lächeln.

Natürlich würde ich mir wünschen, den Beamten heute zu treffen, um ihm zu erzählen, dass ich von diesem Papierschatz lebe. Es waren damals meine gesammelten Kurzgeschichten und modernen Märchen, zwei fast fertige Romane: *Eine Hand voller Sterne* und *Erzähler der Nacht*, sowie der Entwurf des Romans *Die dunkle Seite der Liebe*, der mich noch 33 Jahre begleiten sollte, bevor er im Jahr 2004 erschien.

Draußen war es eiskalt. Ich schaute nach hinten und es überfiel mich eine unsagbare Trauer. Alle Brücken hinter mir waren eingestürzt. Ich hatte meine Heimat verloren. Ich würde meine Mutter, meinen Vater und meine Geschwister nicht mehr sehen, meine Freunde nicht mehr empfangen, meine Gasse und meine geliebte Stadt Damaskus nicht mehr betreten. In jenem Augenblick beschloss ich, meine Angst zu besiegen. Wer sollte mir nach diesem herben Verlust noch Angst machen?

Ich brauchte Jahre, um zu begreifen, dass ich an jenem Tag zwar alles verloren, aber etwas Wichtiges gewonnen hatte: Ich befand mich plötzlich in einer unbekannten Welt, die ich erforschen und dabei das Unbekannte in mir kennenlernen musste. Das war manchmal schmerzhaft, aber nicht selten schenkten mir diese Erkundungsreisen eine unglaublich große Freude.

Heute kann ich sagen: Damals in Frankfurt bin ich zum zweiten Mal geboren worden.

Deshalb vergesse ich jenen Freitag, den 19. März 1971, nie, auch nicht den Satz, den ich auf Arabisch flüsterte: *Ana hurr*, ich bin frei. Ein frostiges Gefühl durchfuhr mich, und ich spürte kleine Stiche auf meiner Haut, als wäre ich in kaltes Wasser gesprungen. Tatsache ist: Ich *bin* ins kalte Wasser gesprungen.

## Meine Anfänge

Von meinem Vater lernte ich die Geduld, Hartnäckigkeit und die Liebe zu Büchern. Er stand für strenge Erziehung und Disziplin, neben ihm erschien jeder Preuße wie ein verträumter Anarchist. Das hat mich – trotz meiner Ablehnung – mit geformt, denn auch wer gegen den Strom schwimmt, wird nass. Allerdings hatte er mir den Weg der Liebe zu ihm erschwert. Es blieb großer Respekt und – später – eine Freundschaft.

Von meiner Mutter lernte ich die Kraft des Lachens, die Humanität der Gastfreundschaft und die Vorteile einer exzellenten Küche. Vor allem lernte ich von und bei ihr den Respekt vor Frauen.

Ich kann es nicht erklären, aber seit meiner Kindheit wohnen zwei Seelen in mir, die eines Naturforschers und die eines Literaturliebhabers und Erzählers. Ich lese bis heute mit größter Spannung ein Buch über Kopernikus oder über Vulkane oder Urpflanzen und sehe am liebsten Natur- und Tierfilme. Zuletzt habe ich einen Dokumentarfilm über Ameisen gesehen, der jeden Krimi in den Schatten stellt.

Und bereits mit zehn beschloss ich, alle Romane der Welt zu lesen. Mit sechzehn gründete ich eine literarisch-kulturelle Wandzeitschrift in meiner Gasse. Mit siebzehn veröffentlichte ich meine ersten Kindergeschichten: *Der fliegende Baum* und *Wie die Mohnblume eine neue Welt entdeckte*. Der fliegende Baum entfaltete zum Ärger der Nachbarn ungewöhnliche Blätter. Sie sahen aus wie Monde, Sterne, Sonnen oder gar Schwalben, und er begann, vom Fliegen zu träumen. Die Mohnblume wollte nicht glauben, dass die Welt hinter dem großen Stein endete. Sie kletterte trotz der Mahnungen ihrer Freunde hinauf, bis sie entdeckte, wie klein der Stein im Vergleich zur großen Welt war. Doch sie musste für ihren Mut teuer bezahlen.

Ich studierte mein Lieblingsfach Chemie und wollte mit meinen zwei Seelen Chemielehrer und Schriftsteller werden.

Ich wollte Damaskus nie verlassen. Aber ich musste. Die Zensur verbot die Wandzeitschrift und hätte mich erstickt. Der Militärdienst drohte. Die stalinistische KP hatte mich bitter enttäuscht. Ich stand auf dem Sprungbrett ... Eine gescheiterte Liebe gab mir den letzten Stoß und ich sprang ins Exil.

# Rote Linien

Mein Leben in Damaskus war von Angst und von roten Linien geprägt. Das Baath-Regime, angeblich angetreten, um uns zu befreien, brachte dem syrischen Volk nur Katastrophen und schlussendlich die Herrschaft des Assad-Clans und dem irakischen Volk das Regime von Saddam Hussein. Doch die Baath-Verbrecher bekommen ihre historische Strafe, genau wie die Stalinisten in Osteuropa, die ihre Völker versklavt haben, statt sie zu befreien und zu glücklichen, friedlichen und erhabenen Menschen zu machen.

Wie dieser Konflikt auch ausgehen mag, die Verbrechen des Regimes werden für immer den Namen der Baath-Partei und deren Täter besudeln.

Die syrische Diktatur beraubte das Volk und hetzte ihm 15 Geheimdienste auf den Hals, die in Osteuropa ausgebildet und mit exzellenter Technik aus dem Westen ausgerüstet worden waren. Ein friedliches und lebenslustiges Volk wurde und wird vor den Augen der Welt zerbrochen. Syrien wird zu einer Farm der Sippe Assad. Die an Konzentrationslager erinnernden Gefängnisse in Palmyra liegen nicht einmal zwei Kilometer Luftlinie von den Touristenattraktionen und dem Flughafen entfernt. Unzählige Gefangenenlager wurden errichtet, und die Welt schaute zu.

Hafiz al-Assad hat als erster die raffinierte Zauberformel für eine Dauerherrschaft in Syrien gefunden: keine militärische Konfrontation mit Israel mehr und den Tanz auf dem Seil zwischen Russland und dem Westen perfekt beherrschen.

Aber es wäre zu einfach, alles dem Assad-Regime, Russland oder dem Westen in die Schuhe zu schieben. Unsere syrische Gesellschaft ist tief getroffen; das gilt auch für andere arabische Gesellschaften. Nach dem Niedergang des Abbasidenreiches im 10. Jahrhundert, nach den Kreuzzügen, dem Mongolensturm, der Zersplitterung in winzige Mameluckenstaaten, gefolgt von 400 Jahren osmanischer Herrschaft, vom europäischen Kolonialismus und – nach einer kurzen Phase der Demokratie – von über zehn Putschen, die zum größten Teil das Werk von westlichen Geheimdiensten und charakterlosen syrischen Abenteurern waren, und schließlich von 40 Jahren Assad-Clan-Despotie ist die Gesellschaft deformiert.

Wir haben keine bürgerliche Evolution geschweige denn Revolution. Die Sippe herrscht wie im 7. Jahrhundert in allen arabischen Ländern.

Einer der übelsten Grundpfeiler der Sippenherrschaft ist die Feindseligkeit gegen eine oppositionelle Meinung oder Haltung. Da die Araber (bis auf die Libanesen und zum Teil die Tunesier) unter einer brutalen Diktatur leben, die die Menschen in Elend lässt, obwohl sie auf einem Erdölozean sitzen, ist die erste Aufgabe eines arabischen Autors oder Intellektuellen die schonungslose Kritik der Zustände. Tut er das, wird er zum Staatsfeind. Warum?

Weil die Sippe einer Pyramide ähnelt, deren Spitze dauernd beteuert, bald werde sie den Himmel berühren und Honig und Milch für alle fließen lassen, die Basis müsse sich nur ein wenig mehr anstrengen und die Führung als Gnade Gottes anbeten.

Kritik führt zur Fraktionierung der Gesellschaft, zu Pro und Contra. Vermehren sich die Fraktionen, so driftet die Basis auseinander und die Spitze der Pyramide flacht ab und bald sinkt die Spitze. Davor haben die Spitzenvorsteher mehr Angst als davor, einen Krieg zu führen oder Teile des Landes zu verlieren. Daher bekämpfen die arabischen Diktatoren die Oppositionellen in ihrem Land mehr als den »Erzfeind« Israel. In Syrien richten sich 15 Geheimdienste gegen das Volk und eine einzige, unfähige Abteilung gegen Israel. Da erkennt man ganz einfach, wo der Feind der Sippe ist.

Aus dem Grund werden Oppositionelle von der Spitze der Pyramide Verräter genannt. Keiner in der Basis weiß, warum und wie ein Autor, ein Schüler oder ein Arbeiter das Vaterland verraten kann, aber die meisten meiden die Verurteilten sicherheitshalber und isolieren so die Oppositionellen.

Um bei der Bauform zu bleiben: Wenn die Sippe eine Pyramide darstellt, so ist die Demokratie ein Flachbau mit vielen Räumen, die ihren Bewohnern Schutz gibt. Man hört verschiedene Meinungen und Gesänge über jede Sache und genau das bereichert die Bewohner dieses Flachbaus.

Ein demokratischer, freiheitlicher Staat hätte die Sippe überflüssig gemacht und ihr Ende beschleunigt.

Die heutige Modernität, deren Oberfläche zwar glänzt, die aber wenig mit einer bürgerlichen Gesellschaft zu tun hat, ist lediglich eine Tarnung der Rückständigkeit und nicht ihre Gegnerin oder gar Heilung. Diese Modernität ließ und lässt die arabische Sippe sogar noch stärker werden, statt sie zu schwächen, und sie machte und macht es dem Despoten, der auch durch das System der Sippe herrscht, leichter.

Von all diesen Fesseln wollte ich mich losmachen. Ich wollte frei sein.

In Deutschland war ich mit einem Schlag von 15 Geheimdiensten und von 35 Onkeln und Tanten befreit. Denn Onkel und Tanten sind eine Verlängerung der diktatorischen Peitsche, die bis in den kleinsten Mikrokosmos hinein reicht, damit ebendieser Mikrokosmos zum Makrokosmos der Diktatur passt.

Plötzlich diese herrliche Stille in Deutschland. Ich muss sagen, ich habe einige Zeit gebraucht, um mein neues Leben zu verstehen. Und erst nach Jahren und gründlicher Überlegung und Arbeit an mir selbst habe ich mich endgültig von der Sippe befreit. Wäre ich nicht ins Exil gegangen, wäre ich entweder 15 bis 20 Jahre im Gefängnis gesessen wie meine engsten Freunde oder ich wäre tot.

# Ein Alptraum

In jenen Tagen, bevor ich Syrien verließ, hatte ich zweimal ein und denselben Traum. Vielleicht war er nicht so detailliert und deutlich, wie ich ihn damals aufgeschrieben habe, aber die Ergänzung eines Traumes sagt viel über den seelischen Zustand des Träumers aus.

Ich saß an meinem Schreibtisch und begann zu schreiben und hatte Lust daran. Die Nacht war ruhig und schmückte sich mit dem Duft der Orangenblüten, die vor meinem Fenster bei jeder Windböe hin und her tanzten und manchmal winkten.

Ich schrieb eine kurze magische Geschichte, eine zwischen realistischem Stil und Märchen.

Meine rechte Hand raste über das Papier. Ich besaß damals keine Schreibmaschine und schrieb alles mit Bleistift. Das ist ein Genuss, den ich manchmal vermisse und den viele heute nicht mehr kennen. Schreiben bis die Spitze rund und breit wird, aufatmen, den Bleistift spitzen, die letzten Sätze anschauen, den Radiergummi nehmen und ein Wort ausradieren, den dunklen Abrieb, diese kleinen Gummikrümel, wegpusten und weiterschreiben.

Als ich fertig war, schaute ich erleichtert auf das Blatt. Selten gelingen Geschichten in einem Zug. Diesmal war es aber einer dieser raren Glücksfälle. Eine stürmische Liebe siegt am Ende gegen alle Verbote einer despotischen Gesellschaft. Das fiktive Land nannte ich »La Schei' – Nichts«. Ich weiß heute nicht mehr genau, warum. Ich vermute, weil nichts Gutes erlaubt war.

Plötzlich erschien ein Mann vor meinem Tisch, richtete seinen Zeigefinger auf das Blatt: »Das da muss weg und das und das auch. Man wird sonst denken, du meinst den Präsidenten und dann bekommst du Schwierigkeiten.«

Sein nach Verwesung stinkender Mundgeruch umhüllte mich mit einer Wolke.

Ich radierte die Stellen aus.

Er verschwand und ich überlegte, wie ich die Lücken unauffällig, und ohne die Geschichte zu beschädigen, ausfüllen könnte. Aber ich hatte noch nicht lange überlegt, da standen ein Scheich und ein Bischof vor mir. Sie hielten Händchen und waren wie ein verliebtes Paar, eine Harmonie, wie ich sie selten seit meiner Geburt gesehen hatte. »Und diese erotische Szene muss weg und auch die Stelle, wo ein Verzweifelter Gott in Frage stellt ...«, sagte der Bischof.

»Aber da ist doch keine Erotik ...«, protestierte ich.

»Und ob«, rief der Scheich, »die zwei Unverheirateten gehen in ein Zimmer und schließen die Tür hinter sich ...«

»Das ist mehr als Erotik«, sagte der Bischof.

»Und diese drei Stellen, bei denen der Typ laut fragt: ›Gott, wo bist du?‹ Schicke ihn zu mir und ich zeige ihm schon, wo Gott ist«, sagte der Scheich und lachte. Seinen Speichel sprühte er großzügig auf das Blatt. Ich radierte die Stellen und dabei verschmierte seine Spucke die Schrift.

Sie waren noch nicht verschwunden, da erschien ein zorniger Geist. Er trug ein arabisches Gewand und eine Peitsche in der Hand. Die ließ er über meinem Kopf sausen. Die Luft pfiff und sirrte. »Du Hundesohn von einem Urenkel«, brüllte der Alte, »wie kommst du darauf, unsere Sippe so zu beleidigen und ihren Ruf in den Dreck zu ziehen. Du Verräter, du. Willst du meine Peitsche schmecken?« Ich wollte nicht und nahm alle Stellen heraus, und es waren viele, die sich ironisch und kritisch über die Sippe äußerten.

Mehrere Parteibonzen, Freunde und Studienkollegen lösten zehn Tanten ab, dreizehn Onkel mütterlicher- und väterlicherseits sowie neun Neffen und acht Cousinen, sieben Schwager und drei ältere Brüder ... und ich radierte und radierte unter ihren Drohungen und ihrem tränenreichen Flehen mit letzter Kraft.

Am Ende blieb nur das auf dem Blatt stehen: Nichts.

# Mein Kulturschock

Man spricht gerne und oft vom Kulturschock, der einen Asiaten, Afrikaner oder Lateinamerikaner bei der Begegnung mit Europa oder Amerika ereilt, sobald er seinen Koffer auspackt und der Duft seiner Heimat in den Kleidern verfliegt.

Ich muss sagen, auch mich traf ein Schock, aber im Zeitlupentempo. Je besser ich die deutschen Intellektuellen sprachlich verstand, desto schockierender war es für mich zu erkennen, wie wenig sie wussten, wie primitiv ihre Vorstellung von der arabischen Kultur und den komplexen Gesellschaften in den arabischen Ländern war. Am Ende des ersten Jahres begriff ich, dass ich hier in jedem Gespräch bei null anfangen musste.

Nicht der niedrige Stand der Information, den ich am Arbeitsplatz erfahren habe, hat mich überrascht. Ich musste jährlich nicht weniger als sechs Monate arbeiten, um Geld für mein Studentenleben zu verdienen. Dort, in den Fabriken und auf Baustellen, auf Bahnhöfen und in Restaurants, begegnete ich Deutschen und lernte viel von ihnen über das Leben in diesem Land, und ich nahm es keinem Arbeiter übel, dass er nicht wusste, wo Syrien liegt oder welche Religionen es dort gibt. Nein, ich hatte keinen Anlass zur Überheblichkeit. Die einfachen Syrer wissen auch wenig von Deutschland. In den Pausen versuchte ich, den Arbeitskollegen geduldig alles zu erklären, auf Augenhöhe. Sie gaben mir ihrerseits nützliche Ratschläge, die mir geholfen haben, die deutsche Gesellschaft schneller zu verstehen.

Bitter enttäuscht aber haben mich die Akademiker und Intellektuellen. Auch die linksradikalen unter ihnen wussten nur, dass in Syrien das Militär herrscht, aber oft verwechselten sie Sadat mit Assad. Ihre Vorurteile waren veraltet. Es waren die ihrer Großeltern und Eltern.

Was mich zutiefst schockiert hat, war die Haltung der moskautreuen Linken. Sie fanden Assad gut, weil er einen Freundschaftsvertrag mit Moskau geschlossen hatte. Sie wussten vom Land, von der Diktatur, die ihre Verbündeten, die syrische Linke, folterte und hinrichtete, aber sie glaubten auf fast religiöse Weise, das Regime sei fortschrittlich. Wie? Das konnten sie nicht beweisen. Genauso erschreckend war die schändliche Haltung der DDR-Führung. Übrigens ist diese Haltung mancher ›linientreuer‹ Linker heute noch zu beobachten, auch nach all den Verbrechen des Regimes. Beinahe ist man verführt zu denken, irgendjemand habe den Kompass von manchen europäischen Linken manipuliert. Er zeigt immer in Richtung Moskau. Vielleicht verwechseln die Genossen auch deshalb Putin mit Lenin.

Was für eine Dunkelheit herrschte in den Hirnen der deutschen Intellektuellen! Zwar hatte ich in Syrien erst einmal viele französische Philosophen, Politiker, Schriftsteller und Komponisten kennengelernt, da wir eine ehemalige französische Kolonie waren, aber ich kannte auch amerikanische, russische, englische, italienische, spanische und auch deutsche Philosophen, Schriftsteller und Musiker.

Was wusste die andere Seite? Null, nichts. Wo sollte man da anfangen? Bei den arabischen Lyrikern oder Philosophen, deren Namen auch deutsche Gelehrte nicht im

Original, sondern nur aus der lateinischen Überlieferung kannten? Avicenna und Averroes zum Beispiel heißen Ibn Sina und Ibn Ruschd.

»Wie? Araber und Christ?«, fragten die Intellektuellen erstaunt, fast ungläubig. Ja, Araber können Juden, Yeziden, Muslime, Drusen, Atheisten und auch Christen sein. Auf die Frage, wann wir in Syrien zu Christen missioniert worden seien, gewöhnte ich mir eine ironische Antwort an: »Vergesst nicht«, sagte ich, »wir haben euch drei Religionen exportiert, gebührenfrei und beste Qualität. Sie halten bis heute.«

Das war aber nicht nur in den Siebzigern so. Noch 2010 stand ein bekannter Autor und Satiriker auf der Bühne und machte sich über die arabische Musik lustig. Er gab Töne von sich, die halb wie das Quieken eines Schweins kurz vor dem Schlachten, halb wie das Quietschen der Bremse eines Lastwagens klangen. Der Saal tobte vor Lachen. Wo sollte ich bei diesem Mann anfangen? Am besten gar nicht. Von da an las ich ihn nicht mehr.

# Der große Irrtum

In den ersten Monaten überfiel mich oft die Frage – und sie sollte auch später in regelmäßigen Abständen immer wieder auftauchen: Musst du so übertreiben, dass du am Ende dein Land nicht mehr betreten kannst? Schau doch den und die an. Sie behaupten hier – unter vier Augen –, das Regime nicht ausstehen zu können, und fahren jeden Sommer nach Syrien. Ab und zu verhört man sie – angeblich freundlich –, darüber hinaus aber bleiben sie unbehelligt.

Der häufigste Vorwurf gegen mich lautete, ich sei mit meiner Kritik zu laut. Es hat mich immer gewundert, dass ein so gewaltiges, starkes Regime so empfindlich sein kann. Trotz der großen Armee und der 15 Geheimdienste, trotz der vielen Millionen, die Assad für Propaganda ausgab, trotz treuer Verbündeter in Ost und West und obwohl so viele Schriftsteller und Journalisten sowie ein Heer von Mitläufern und ein doppelt so großes Heer von ängstlich angepassten Bürgerinnen und Bürgern, die leise ihr Leben im In- und Ausland fristeten, hinter ihm standen, fühlte er sich nicht sicher genug und ärgerte sich über einen einsamen, unbekannten, armen Schriftsteller.

Ich wusste schon lange von der Feindseligkeit aller Despoten gegen Dichter und Erzähler. Und sie haben alle gelogen, wenn sie ihre Aggression rechtfertigten. Schon Plato hat gelogen in der Begründung, er möge Dichter nicht in seinem Staat sehen, weil sie lügen. In seinem berühmten Werk *Politeia* (Der Staat) erlaubt Plato aber ausdrücklich den Politikern zu lügen, ja, er bezeichnet sogar die Lüge in den Händen des Herrschers als Arznei, die er einsetzen kann, ja muss, während der Bürger nicht lügen darf.

Aber die Dichter schließt er aus seinem »idealen« Staat aus, weil diese angeblich Lügen verbreiten und ihre Zuhörer verführen, sie zu glauben. Auch Kirche und Moschee verfolgten und verfolgen bis heute Dichter und Schriftsteller mit Mord und Totschlag, mit Bücherverbrennungen und Verbotslisten.

Erst ein Satz von Alexander Solschenizyn hat mir den Grund erklärt: »Ein großer Schriftsteller [...] ist doch so etwas wie eine zweite Regierung. Darum hat auch keine Regierung je die großen Schriftsteller geliebt, sondern nur die kleinen.«

Ich fühlte mich in solchen Augenblicken elend, vor allem nach einem Telefonat mit meiner Mutter, wenn es ihr nicht gelungen war, sich auf die Zunge zu beißen, und sie mich fragte: »Warum trägst du die Leiter quer?« Das sagt man über jemanden, der dauernd aneckt und sich dadurch das Leben schwer macht. Mein Vater beherrschte sich immer.

Ich konnte nicht anders. Ich war und bin weder ein Held noch ein Heiliger, aber wenn ein Clan ein ganzes Volk versklavt und ein lebendiges Land in sein Besitztum verwandelt, auf dem das Schweigen herrscht, und wenn das Regime Tausende von Menschen quält und einsperrt, nur weil sie ihre Meinung äußern, dann wäre ich wirklich ein Verräter, würde ich hier in Deutschland in Freiheit leben und nichts dagegen sagen.

Also hielt ich es zunächst für Pech, diesen Weg eingeschlagen zu haben und in der Fremde zu leben. Das war ein großer Irrtum. Spätestens seit dem Ausbruch des Aufstands im März 2011 weiß die Welt, dass das Regime noch brutaler und räuberischer ist, als wir je befürchtet haben, und viele dieser Abwiegler erwiesen sich auch dann noch als Menschen, denen der kleine Profit, den sie aus dem Assad-Regime ziehen, wichtiger ist als die Würde ihrer gedemütigten Mitmenschen oder, der nächsten Generation ein Leben in Freiheit zu ermöglichen.

Millionen ehrenhafter Menschen müssen unter einer Diktatur überleben. Niemand hat das Recht, es ihnen übelzunehmen, aber wer sich zum Handlanger eines Diktators macht, sei es als Spitzel oder Propagandist, um sich Vorteile zu verschaffen, macht das ganz bewusst, und er weiß, dass er anderen schaden muss.

Auch diejenigen sind zu verachten, die im Ausland frei leben und sich nicht mit ihren Landsleuten, die Höllenqualen erleiden, solidarisch erklären. Und was meine Literatur betrifft, ich hätte sie in Syrien nie schreiben können. Dass diese Literatur dazu noch Erfolg in vielen Sprachen hat, ist ein großes Glück.

# Die zweite Exilierung

Selten verlässt ein Exilautor seine Muttersprache freiwillig. Wenn er das tut, verlässt er nicht nur das Haus seiner Heimat, sondern auch das seiner Sprache. Es ist ein zweites Exil. Es gibt Fälle, in denen die Entscheidung aus dem Ehrgeiz heraus getroffen wird, um der eigenen Literatur Weltgeltung zu verschaffen. Das ist zum Beispiel bei Vladimir Nabokov der Fall, der bereits als Kind Französisch und Englisch sprach. Es gibt aber Fälle, in denen die Notwendigkeit diktiert, dass der Autor in einer anderen Sprache schreibt. So etwa bei Joseph Conrad, der als Pole auf Englisch schrieb, oder Adelbert von Chamisso, der als Franzose auf Deutsch schrieb. Aber der wahre Grund ist niemals monokausal. Oft ist es eine Mischung von mehreren Motivationen.

Mich hat die absolute Ablehnung aller arabischen Verlage, denen ich meine Romane und Erzählungen angeboten habe, zum zweiten Mal exiliert.

Die These von Hilde Domin »Für mich ist die Sprache das Unverlierbare, nachdem alles andere sich als verlierbar erwiesen hatte. Das letzte unabnehmbare Zuhause« galt für viele Deutsche in ihrem Exil in der Zeit der Nationalsozialisten. Sie schrieben auf Deutsch. Sie galt für Spanier, die vor der Franco-Diktatur flüchteten, aber auch für Lateinamerikaner, die ins Exil gingen, um ihr Leben und ihre Zunge zu retten. Sie schrieben weiter auf Spanisch, und das gab ihnen Halt. Aber sie galt nicht für mich, da ich bei der perfekten Mauer, die die arabischen Verlage vor Exilautoren hochziehen, keine Möglichkeit fand, meine Geschichten auf Arabisch zu veröffentlichen. Ich musste auf Deutsch schreiben.

Hilde Domin kannte und schätze ich sehr. Wir lebten beide in Heidelberg. Zweimal haben wir zusammen gelesen, einmal in Heidelberg und einmal in Offenbach. Und da, in Offenbach, sprach ich sie auf ihre These an. Ich sagte ihr, man habe mich aus meinem arabischen Sprachhaus vertrieben und deshalb schreibe ich auf Deutsch. Ich werde ihren traurigen Blick nie vergessen.

## Verbote überwinden

»Warum schreiben Sie auf Deutsch?« Diese Frage wurde mir am Anfang oft gestellt. Ich antworte: »Weil die Deutschen, Österreicher und Schweizer kein Arabisch können.« Aber der wahre Grund ist natürlich ernster.

Die Exilliteratur bildet eine Brücke zwischen dem Hier und dem Dort. Sie ist Entwicklungshelferin sowohl für das Ursprungs- als auch für das Exilland. Für Letzteres, weil der Exilautor da eine völlig neue Farbe in das Spektrum der Literatur bringt. Für das Ursprungsland, weil der Exilautor, nun befreit von allen Ängsten und Fesseln der erstarrten, beengenden Traditionen in der Heimat, das Universum umarmen kann. Diese Umarmung bringt neue kritische Perspektiven für das Ursprungsland und seine Kultur. Das aber macht Exilautorinnen und -autoren in ihrem diktatorisch regierten Heimatland nicht nur beim Diktator selbst noch unbeliebter – weil die Exilliteratur, befreit von der Zensur, die Scheußlichkeit seines Tuns offenlegt –, sondern auch bei den dort gebliebenen Kolleginnen und Kollegen, die durch die Exilliteratur ihre Unterwürfigkeit, ihre Deformierung noch schmerzhafter fühlen.

Hier sieht man, dass das Schreiben in fremder Sprache, das mit dem Begriff »Doppeltes Exil« seinen Ausdruck fand, auch eine helle, positive Seite hat.

Der Diktator hat die Seele der Syrer systematisch gedemütigt, ihnen vorgeführt, wie er ihnen mit seinen 15 Geheimdiensten ungehindert ihre Würde, ihr Essen, ihre Freude, ihre Zukunft rauben kann, ohne dass irgendjemand ihnen zu Hilfe kommt. Ehemalige politische Gefangene berichten von ihren Folterern, die ihnen beim Verhör immer klarmachten, dass die Welt sie, die Gefangenen, längst vergessen hätte und sie deshalb mit ihnen machen könnten, was sie wollten.

Der Alltag der übrigen Gesellschaft sah nicht viel anders aus. In jeder Gasse, in jedem Dorf gab es täglich Demütigungen, die nicht deshalb auf offener Straße passierten, weil die Beamten so zornig waren, dass sie nicht hätten warten können, bis sie das Gefängnis erreicht hatten. Nein, dahinter stand kalte Berechnung: Die Schläge, mit denen die verhafteten Frauen, Männer und Kinder in der Öffentlichkeit traktiert wurden, galten auch den Zuschauern.

Die arabischen Regime haben immer erfolgreich Diffamierungskampagnen gegen die exilierten Autoren ihres Landes geführt, in denen sie die Bevölkerung, ja sogar die nächsten Freunde und Verwandten überzeugten, dass sich der Exilautor an dubiose Mächte verkauft hätte (je nach Land variieren diese von Imperialismus, Atheismus, Kommunismus, Feinde der Araber, Feinde des Islam, Zionismus et cetera).

In den arabischen Ländern werden oft »Juden« als Leser und Käufer der Exilautoren genannt. (Siehe den Mosaikstein: *Böse Überraschung* weiter unten.)

Die schlimmsten Anfeindungen erfuhr ich von den syrischen Hofdichtern und den »offiziellen« Autoren, die dem Regime nahestanden, aber in Europa, und nur da und nur unter vier Augen, über das dumme, korrupte Regime lästerten.

Ich werde nie vergessen, wie mir ein syrischer Schriftsteller und Theaterregisseur auf der Frankfurter Buchmesse unter sechs Augen (seine Frau war auch anwesend) leise erklärte, dass er seinen Koffer bereits gepackt hätte und nach Kanada auswandern wolle. Etwa neun Monaten später wurde er vom Regime zum Kulturminister ernannt! Ich rief an, um zu fragen, ob sein Koffer immer noch gepackt sei. Eine Frau, die sich als seine Sekretärin vorstellte, versprach mir, er würde sich bei mir melden. Er hat es nie getan.

Wer im Exil das Universum nicht umarmt und sich stattdessen an die Ge- und Verbote seiner Ursprungsheimat hält, hat sein Exil nicht verstanden. Denn wie ein Gefängnis kann das Exil einen Dummkopf nicht zum Weisen machen. Nie im Leben habe ich gedacht, dass ich einmal meine Literatur auf Deutsch oder in irgendeiner anderen Sprache als dem Arabischen schreiben würde.

Exil- und Emigrantenliteratur waren in der Mittelmeerregion seit Anfang der Kulturen und der Weltreiche bekannt. Zwei der Autoren seien hier erwähnt, der Römer Ovid und der Syrer Lukian. Den ersten exilierte der Kaiser Augustus und den zweiten die Enge seines Geburtsortes.

In meiner Generation waren die jüngsten Vertreter dieser Literaturen sehr beliebt. Weltbekannt war und ist Khalil Gibran, aber in meiner Schulzeit rezitierten wir begeistert auch viele andere seiner Zeitgenossen wie Michail Naime, Ilja Abu Madi, Fausi Maaluf, Amin al Rihani. Sie waren Ende des 19. und Anfang des 20. Jahrhunderts sehr aktiv, schrieben alle auf Arabisch, manche später auch auf Englisch, Spanisch und Französisch. Ich wollte – ihrem Pfad folgend – auch meine Geschichten und Romane auf Arabisch veröffentlichen.

Vier Jahre lang habe ich geduldig meine Skripte eingereicht und im besten Fall als Antwort eine Absage bekommen. In der Regel antworten die arabischen Verlage nicht. Warum nicht? Warum kamen meine Romane, die später Welterfolg genossen, von Marokko bis zum arabisch-persischen Golf nicht an? Nur langsam gelang es mir, meine Illusion zu begraben. Man sagt, die Hoffnung stirbt zuletzt, aber vor ihrem Tod mutiert sie manchmal zu einer völlig irrationalen Illusion und die lässt sich noch schwerer begraben.

Die arabischen Verlage veröffentlichen keinen Exilautor, es sei denn, er sympathisiert offen mit dem Regime in ihrem Land. Ein Exilsyrer konnte etwa im Irak veröffentlichen, wenn er Saddam Husseins Speichel leckte. Und so etwas ist bei den meisten innerarabischen Exilautoren leider der Fall.

Sie sind keine Exil-, sondern Hofdichter, Marionetten, die Diktatoren wie Saddam Hussein, Assad, den Clan der Saud, Nasser, Sadat oder Gaddafi besangen und besingen. Mit den Jahren waren sie so skrupellos geworden, dass sie manchmal von Bagdad, wo sie Saddam als den einzigen Revolutionär der Welt lobten, direkt nach Libyen flogen, wo sie über die Genialität von Gaddafi als Romancier (!) referierten.

»All diese Dichter kosten uns jährlich nicht einmal so viel wie ein Panzer, dabei sind sie viel nützlicher«, erklärte der langjährige irakische Außenminister, Tarek Aziz, einmal.

Sie waren so korrupt, dass sie kein Wort darüber verloren, wenn in ihrem »Exilland« Kollegen gefoltert wurden. Es gab Fälle von arabischen »Exilautoren«, die von

Diktator zu Diktator wanderten, sozusagen für den meistbietenden Herrscher sangen. Und manche schämten sich nicht einmal, wenn sie den Diktator im Gastland (selbst vom Kaliber eines Saddam Hussein) als ein Geschenk Gottes bezeichneten.

Ein Iraker, Ägypter oder Algerier, der von der Gnade eines anderen arabischen Diktators lebt und behauptet, er lebe im Exil, weil er ein Dichter der Freiheit sei, macht mehr sich selbst als anderen etwas vor, genau wie der Syrer, der in Saudi-Arabien Asyl findet, dort das syrische Regime beschimpft und gleichzeitig das bigotte, korrupte Regime der Saudis als Vorbild der islamischen Tugend besingt.

Das alles wollte ich nicht. Ich wollte frei schreiben, doch irgendwann, ich glaube im Oktober 1975, nach einigen ernüchternden Gesprächen mit mehreren arabischen Verlegern auf der Frankfurter Buchmesse, erkannte ich die Hoffnungslosigkeit meines Vorhabens und begrub meine Illusionen.

Man sagt, Araber seien sich nie einig. Ich habe aber selten eine so solide einheitliche Front getroffen wie die der arabischen Diktaturen gegen die Freiheit des Wortes.

Ich beschloss also, meine Exilliteratur auf Deutsch zu schreiben. Das war zwar ein Befreiungsschlag, aber er verlangte mir viel ab. Es galt, eine literarische deutsche Sprache zu erlernen, was für einen Naturwissenschaftler nicht nötig gewesen war. Ich war seit vier Jahren in Deutschland und studierte bereits Chemie. Auf Deutsch Literatur zu schreiben hieß jetzt, höchste Ansprüche an die Sprache zu stellen.

Ich wollte aber nicht nur Literatur schreiben, sondern sie auch mündlich vortragen. Damit verbunden waren und sind zwei schwierige Herausforderungen: zum einen die nuancierte deutliche, möglichst akzentfreie Aussprache und zum anderen die gezielten Studien der literarischen Texte von sprachlich besonders begnadeten deutschen Autorinnen und Autoren sowie von hervorragend übersetzten Werken der Weltliteratur.

Dafür wählte ich eine zuverlässige Methode, die mir schon in der Chemie wie beim Erwerb der Sprachen immer gute Dienste geleistet hatte: von Hand zu schreiben. Ich begann die *Buddenbrooks* von Thomas Mann abzuschreiben, Satz für Satz, um nachzuvollziehen und zu verstehen, wie ein deutscher Dichter schreibt. Wie kann er mit dieser subtilen Ironie den Verfall einer Familie beschreiben? Wie gelingt es ihm, ein Bild, eine Szene so genau darzustellen, ohne besonders viele Adjektive zu verwenden? Die arabische Literatur lebt von den Adjektiven. Im Deutschen wird ein Übermaß an Adjektiven als Schwäche betrachtet. Ich habe jahrelang nach dem Grund für die Neigung der arabischen Sprache zum Adjektiv gesucht.

Rainer Malkowski gab eine faszinierende Antwort: »Wir leben im schönen Garten der Adjektive. Licht und Schatten arbeiten an den Erscheinungen die charakterisierenden Abweichungen heraus, die nach Benennung verlangen. Wem die Augen keine Worte mehr stiften, weil er im Nebel, in der Unschärfe lebt, der muss sich mit Gattungszuordnung zufriedengeben. Die Sprache wird substantivisch: Baum, Hund, da drüben, wie es scheint, geht ein Mensch.«

Ich hätte darauf kommen müssen.

Viele dieser Eigenschaften einer literarischen Sprache kann man nur empirisch, nur durch Lesen und in meinem Fall durch Aufschreiben und später laut Vortragen lernen. Beim Abschreiben prägt sich ein Satz, eine Formulierung, eine chemische Formel viel besser ein als beim bloßen Lesen. Daher war und bin ich ein unnachgiebiger Anhänger der Handschrift.

Ich las von vielen Autorinnen und Autoren eine Probe. Wenn der Text mir gefiel, studierte ich ihn gründlich. Nach Thomas Mann nahm ich mir Heinrich Heine, Anna Seghers, Virginia Woolf, Kurt Tucholsky, Karl Kraus, Franz Kafka, Friedrich Dürrenmatt, Peter Bichsel, Ovid, Lukian, García Márquez, Jorge Amado, Jorge Luis Borges und die Bibel vor. Vor allem liebte ich Miguel de Cervantes' *Don Quijote*.

Das mündliche Vortragen vor Freunden und vor allem Freundinnen, verbunden mit der Bitte, meine Aussprache zu korrigieren, half mir neben meinem guten Gedächtnis meine Zunge zu erziehen.

Zwei Jahre brauchte ich, bevor ich es wagte, einen kurzen literarischen Text zu schreiben. Und meine mündlich vorgetragenen Erzählungen wurden immer präziser und gewannen Anerkennung.

Erzählen ist immer mit einer humanen Hoffnung verbunden. Wer erzählt, der hofft. Auch die düsterste Erzählung kann Keime einer Zukunft ohne Düsterheit tragen. Ich denke beim Erzählen oft an ein Bild: Eine weise alte Frau erzählt einem Kind, das Angst vor der Dunkelheit hat, eine Geschichte und das Kind schläft beruhigt ein.

Erzählen kann nicht links oder rechts sein. Erzählen ist Aufklärung oder Verdummung. Meiner Erfahrung nach gelingt die Aufklärung umso tiefgreifender, je besser man – unter Verzicht auf Moralpredigten – erzählt.

# Bereicherung

Manchmal lobten Kritiker meine literarischen Beiträge als »Bereicherung« der deutschsprachigen Literatur. Der Begriff ›Bereicherung‹ blieb aber verschwommen und ich fragte mich, wie das gehen solle? Durch neue Wortschöpfungen? Neue Redewendungen? Neue Metaphern? All dies kann sich beim Aufeinandertreffen zweier oder mehrerer Kulturen (bei mir sind es drei: Aramäisch, Arabisch und Deutsch) in der Seele der Exilautoren ereignen, aber die wahre Bereicherung liegt *nicht* darin, sondern in der neuen Perspektive dieser Literatur. Ein Fremder bringt seinen Blickwinkel mit. Dieser ist hier nicht eine Frage der Geometrie, sondern er haftet am Menschen mit all seinen Schichten, die sein bisheriges Leben gebildet hat. Das bringt es mit sich, dass manchmal eine Haltung, eine Frage oder ein Thema, die für die Mehrheit im Land ganz gewöhnlich erscheinen, durch den neuen Blickwinkel erstaunlich, interessant und ungewöhnlich werden und wirken. Das ist der wahre Kern der Bereicherung.

Ich schrieb einmal: »Wenn also die neuen Wortschöpfungen und Metaphern Rosen und Blumen im Garten der Gastsprache erzeugen, so pflanzt der andere Blickwinkel eine Eiche in diese Landschaft. *Schlemihl* von Chamisso ist nicht so sehr ein besonderes Glanzstück der Sprache als vielmehr des Blickwinkels auf ein wichtiges Thema, nämlich den Verlust der Identität ... Keiner vor Chamisso kam auf die Idee, den Schatten auf der Erde als den leisesten und zugleich entschiedensten Beweis des

Daseins unter der Sonne poetisch einzusetzen. Das, und nur das, wird eines Tages bleiben als Bereicherung, denn der Blickwinkel haftet an seinem einzigartigen Träger: dem Menschen.«

Ich bin davon überzeugt, dass eine absolute Perfektion für einen Nichtmuttersprachler eine überflüssige nutzlose Illusion ist. Er kann mit Fleiß und Phantasie eine Poesie produzieren, die notwendigerweise die Normen der Sprache unterlaufen muss. So kann er über seine originellen Themen, Einfälle und Blickwinkel ungewöhnliche Wege gehen, auch wenn es manchmal den Lektorinnen und Lektoren nicht gefällt oder mehr Einsatz verlangt, um diese Literatur lesbar zu machen.

Ich staune immer wieder darüber, dass eine deutsche Autorin oder ein deutscher Autor gelobt wird, wenn sie oder er Sprachexperimente durchführt und die Regeln der deutschen Sprache verletzt. Es wird als ungewöhnliche Poesie respektiert. Bei einem fremden Autor aber wird dasselbe Experiment als Fehler angesehen.

Nicht nur Adalbert von Chamisso im Deutschen, auch Joseph Conrad im Englischen hatte einen starken Akzent im Mündlichen und schrieb nicht selten fehlerhaft in der Gastsprache.

Joseph Conrad entschied sich für das Englische als Literatursprache, das er aber weitaus schlechter beherrschte als das Polnische und das Französische. Ich habe vor Jahren gelesen, dass Joseph Conrads Literaturagent in einem Streit ihm abfällig sagte: »Sprechen Sie erst richtig Englisch.«

Autoren, die sich für eine andere Sprache entscheiden als für ihre nationale oder Muttersprache werden zur

Zielscheibe gehässiger Kritik. Um bei Joseph Conrad zu bleiben, der für mich als einer der größten Schriftsteller der Welt gilt: Er wurde nicht nur mit abfälligen Bemerkungen eines adligen Vladimir Nabokov, der von Kind auf Englisch sprach, sondern auch mit verletzenden, gefährdenden Beschimpfungen von seinen Landsleuten überhäuft, die bis zum Vorwurf des Landesverrats reichten. Vor allem wurde er von der damals sehr berühmten Eliza Orzeszkowa angegriffen. Sie warf ihm »Sprachverrat«, »Vergeudung seines Talents« vor, und dass sein Verhalten »zutiefst unpatriotisch und sündhaft« sei.

All diese Vorwürfe sind mir vertraut.

# Untreue Monogamie

»Zweisprachig sein, heißt Bigamie treiben«, bekannte die russisch-französische Autorin Elsa Triolet. Es ist wirklich keine einfache Ehe. Bei mir ist die Sache noch komplizierter: Meine Muttersprache ist Aramäisch, meine Kultursprache ist Arabisch. Ich musste in einer Eliteschule von der ersten Klasse an Französisch lernen, später in einem libanesischen Kloster *nur noch* Französisch sprechen, danach, ab der siebten Klasse und bis zum Ende meines Studiums in Damaskus 1970, kam Englisch dazu. Zwischendurch lernte ich Russisch. Ich wollte in Moskau Theaterwissenschaft studieren. Das Vorhaben scheiterte nach all den bestandenen Prüfungen am Parteiausweis. Nur Baathisten durften nach Moskau. Dann lernte ich mit 25 Jahren Deutsch. Das ist jetzt keine Polygamie, sondern eher eine Monogamie mit vielen Seitensprüngen. Heute bin ich mit der deutschen Sprache verheiratet, betrüge sie jedoch seit Ausbruch des Aufstands in meinem Land fast täglich mit der arabischen Geliebten.

## Zwei Melonen auf einer Hand

Nie werde ich das Gesicht meines Abteilungschefs vergessen, der mich erstaunt, fast empört anschaute, als ich wegen des »Erzählens« meine hochdotierte und sichere Stelle bei einem großen Pharmakonzern kündigte. Im ersten Moment dachte er, ich würde um eine Gehaltserhöhung pokern, aber ich wiederholte ruhig, dass ich nur noch Geschichten erzählen wolle.

»Zwei Melonen kann man nicht lange auf einer Hand balancieren«, erklärte ich ihm. In der Tat, die Arbeit in der Firma verlangte ganzen Einsatz. Ich versuchte jeden Tag, der Literatur wenigstens eine Stunde zu widmen. Am Wochenende schlief ich kaum, weil ich alle Zeit in meine Geschichten investierte. Ich litt gesundheitlich und sah lange darüber hinweg, bis der Arzt bei einer Routineuntersuchung klare Worte fand und mich warnte, dass ich durch die Belastung gefährdet sei.

Ich entschied mich für die Literatur. Dass ich keine Kinder hatte und niemanden finanzieren musste, erleichterte die Entscheidung, die ich ganz allein zu verantworten hatte, genau wie deren Folgen.

Das Gespräch mit meinem Abteilungschef war aufwühlend. Der Mann war nicht irgendein Manager der heutigen Zeit, kein Milchgesicht aus der Tiefkühltruhe. Er war ein herzlicher Bayer, intelligent und erfahren. Fast hätten wir uns angefreundet.

Er gab mir zum Abschied die Hand. »Wenn du scheitern solltest, du verrückter Kerl, dann komm zurück. Ich nehme dich wieder auf«, sagte er. Ich war zutiefst gerührt.

Fünfzehn Jahre später kam er zu einer Lesung im Literaturhaus in München. Die Lesung war ausverkauft. Ich sah ihn erst, als ich vor dem Eingang des Saals Bücher signierte. Er war alt geworden, wirkte aber immer noch robust. Gemeinsam mit seiner Frau trat er an den Tisch. »Ich will kein Buch, ich lese nicht. Aber du hast die richtige Entscheidung getroffen, du verrückter Kerl!«, sagte er und gab mir die Hand.

Neben meinem Entschluss, in einem bestimmten Augenblick mein Land zu verlassen, war diese Entscheidung meine beste.

# Angstzustände

Nach der Kündigung 1982 begann mein Leben als freier Schriftsteller mehr schlecht als recht. Trotzdem war ich damals sehr glücklich, denn ich konnte den ganzen Tag nur das tun, wovon ich immer geträumt habe: Geschichten schreiben, die ich später mündlich erzählen wollte.

Dann geriet ich im Frühjahr 1985 in Gefahr, ausgewiesen zu werden. Wohin hätte ich gehen sollen? Auf meinem Konto herrschte gähnende Leere.

Das war eine böse Überraschung. Wie hatte das passieren können? Wie sich später herausstellte, hatte die syrische Botschaft, chaotisch und verantwortungslos wie sie war, meinen neuen Pass auf ein Datum ausgestellt, das acht Tage nach Ablauf des alten Passes lag. Ich hatte überhaupt nicht darauf geachtet. Die junge Beamtin bei der Ausländerbehörde grinste mich an und sagte, ich sei über eine Woche illegal in Deutschland gewesen und hätte damit meine Aufenthaltserlaubnis verwirkt. Zunächst vermutete ich, die syrische Botschaft hätte absichtlich so gehandelt, es läge darin eine Rache an einem Gegner der Diktatur.

Ich hatte also arg- und ahnungslos mehrere Tage ohne gültigen Pass gelebt, und das galt damals als grober Verstoß gegen das Ausländerrecht. Ich wies der Behörde nach, dass ich in diesen Tagen auf Schullesungen gewesen war und vor mehreren Tausend Schülern Geschichten erzählt hatte. Vergeblich. Es half mir auch nicht, dass ich 14 Jahre lang ununterbrochen in Heidelberg gelebt hatte.

Sogar der syrische Botschafter zeigte sich entgegenkommend, obwohl er mich nicht ausstehen konnte. Er lieferte den deutschen Behörden eine offizielle schriftliche Erklärung, dass ich meinen Pass rechtzeitig zur Verlängerung an die Botschaft geschickt hatte und dass man dort – bedingt durch technische Schwierigkeiten – allein die Schuld an dem falschen Datum trug. Doch die Ausländerbehörde in Heidelberg ließ sich von einem Experten für Völkerrecht am Heidelberger Max-Planck-Institut ein Gutachten erstellen, das besagte, dass die Korrektur der syrischen Botschaft den Tatbestand des illegalen Aufenthalts nicht mehr revidieren konnte.

Es war eine schlimme Situation für mich. Ich wusste nicht, wohin. Hilfesuchend rief ich Freunde in Wien und Paris an. Sie waren bereit, mich selbst als Illegalen aufzunehmen. Dann aber bekam ich mithilfe eines engagierten Heidelberger Rechtsanwalts meine Aufenthaltserlaubnis doch noch und konnte hierbleiben. Auch einen solchen Umstand muss man laut kundtun: dass ich als ein einzelner Fremder gegen den mächtigen deutschen Staat gewonnen habe. So etwas ist in arabischen Ländern nicht möglich.

Aber die Tage vor dem Urteil waren angstbesetzt. Diese Variante von Angst war mir neu gewesen. Seit ich diese Erfahrung selbst gemacht habe, verstehe ich, warum Verfolgungswahn eine der häufigsten seelischen Erkrankungen unter den Exilanten ist. Und ich hörte seitdem nicht auf, ein Loblied auf den demokratischen Staat zu singen, der sich von einem Fremden juristisch besiegen lässt, wenn er im Recht ist.

# Ein Wagnis

Ich habe über meine Erfahrung, in einer fremden Sprache zu erzählen, mehrfach geschrieben. An dieser Stelle möchte ich die Art von Einsamkeit beschreiben, die einen Schriftsteller im Exil umgibt, sobald er es wagt, in einer fremden Sprache zu schreiben und noch dazu nicht das, was man von ihm verlangt.

Der Exilautor steht allein vor seiner alten, zerstörerischen, manchmal auch zerstörten Welt, der er zwar körperlich entkam, aber nicht geistig. Einem Freund in Amerika schrieb ich einmal: Ich verließ meine Heimat, aber sie verlässt mich nicht.

Doch oft feiert die neue Welt um den Exilautor herum und lässt ihn allein mit seiner Trauer und Angst. Die Gleichgültigkeit seiner Umgebung foltert ihn. Sie ist aber kein böser Wille, sondern der banale Alltag der Moderne. Nur wenige verstehen ihn. Die Mehrheit überhört die Schreie der Verfolgten und der Gequälten, die er deutlich hört. Es ist ein Ausnahmezustand, den nur er so empfindet wie der an den Mast gefesselte Odysseus. Die Nachbarschaft des Exilanten rudert durch das Leben, als hätte sie Wachs in den Ohren wie Odysseus' Gefährten. Hier berührt die Einsamkeit den Wahn. Hier zerbrechen Menschen. Aber auf dieser Gratwanderung kann eine unnachahmliche Literatur entstehen.

Im Exil zu schreiben, führt zu einer Metamorphose der Heimat – weg von einem geographisch definierten Land, das man verloren hat, hin zu einem geistigen Haus der Sprache und der Erinnerung.

Schreiben in einer Fremdsprache gleicht dem Verlassen eines vertrauten Kreises. Die Liebe zu einer fremden Sprache kann die Geborgenheit der Muttersprache lange nicht ersetzen. Wenn man sich dann auch noch entscheidet, in thematischer Hinsicht die vorbestimmten Grenzen zu ignorieren – Migranten sollten über ihre Erfahrungen und ihr Leid in der neuen Gesellschaft berichten und Exilautoren nur politische Romane schreiben –, dann wird der Empfang in den Intellektuellenkreisen des Gastlandes nicht sehr herzlich sein. Diese betrachten es als befremdend, wenn ein leidender Fremder Liebes-, Thriller- und Abenteuerromane schreibt.

Ich werde nie vergessen, dass mir bei einer Sitzung des Verbandes deutscher Schriftstellerinnen und Schriftsteller in Stuttgart ein Kollege den Rat gab, beim Thema Migranten und Diskriminierung zu bleiben. Einige deutsche Intellektuelle gaben sogar öffentlich damit an, mich *nicht* zu kennen oder meine Geschichten *nicht* zu lesen, sondern meinen Namen nur vom Hörensagen her zu kennen, obwohl wir beim selben Verlag veröffentlichen. Heute wirkt es eher lächerlich, wenn sie ihre Abneigung allzu laut kundtun.

Damals, als ich auf Deutsch zu schreiben begann, war das realistische Erzählen, die langweilige Nabelschau Mode. Mich hat die Realität gezwungen, unrealistisch zu schreiben, und meinen Bauchnabel fand ich nicht besonders interessant. Also erzählte ich, wie und was ich erzählen musste und wollte. Der große Meister Flaubert sagte sinngemäß: »Man kann nur wahr sein, indem man übertreibt. Das Problem besteht darin, auf harmonische Weise zu übertreiben.«

Ich verführte meine Gegner ungewollt zu überheblichen Angriffen gegen mich, weil ich meine Geschichten frei vortrug. Immer wieder bezeichneten sie mich herabwürdigend als »Märchenonkel«, obwohl ich auch Satiren, Romane oder moderne Erzählungen ohne Skript vortrug. Sie hatten keine Ahnung, welch heikle Aufgabe ich mir vorgenommen hatte: das mündliche Erzählen ins 21. Jahrhundert zu transformieren.

Hier fing die Einsamkeit an. Und doch fühlte und fühle ich mich der Menschheit nie näher wie beim Fabulieren am Schreibtisch und dann auf der Bühne.

# Mit Kultur makeln oder Kultur schaffen?

Ich fühlte eine Verpflichtung als freier Syrer, für all die gedemütigten, entrechteten und sprachlos verzweifelten Syrer zu stehen. Das mag in manchen Ohren pathetisch klingen, ist es aber nicht. Wenn ich über die Lebensbedingungen in einer Diktatur aufkläre, so ist es auch mein Beitrag, um der Freiheit, die ich genieße, würdig zu sein.

Doch der Weg der Aufklärung ist voller Fallgruben. Sehr schnell gerät man, unabhängig von der Gattung der Literatur, in die moralisierende Rede, die das eigene Volk zu einem engelhaften Opfer verniedlicht und zugleich gesichtslos macht. Solche gut gemeinte Literatur vermindert die Sichtweite der Leserinnen und Leser und versperrt den Zugang zur Kultur, Geschichte und Seele dieses Volkes. Im Falle Syriens häufen sich solche Beiträge in den letzten Jahren, als wären die Syrer vorher in einem Paradies gewesen und nun durch Verschwörung in die Hölle geraten. Damit fängt aber die Verschleierung an. Das Geschehen in Syrien kann nicht ohne die 40 Jahre Diktatur davor verstanden werden.

Solche von der Diktatur genehmigte Literaturprodukte be- und vertreiben Kulturmakler und keine Kulturschaffenden. Sie tingeln damit von Talkshow zu Talkshow, das ist genau ihr Platz. In der Regel übernehmen »Literatur- und Kulturexperten« diese Rolle. Ein Exilautor darf seine Romane nicht als Erklärung für fremde Leser schreiben. Der Roman als Kunstwerk vermittelt, wenn er gut geschrieben ist, allen klugen Leserinnen und Lesern unabhängig von ihrer Nationalität seine Inhalte. Mit anderen Worten, ein Exilautor kann also sowohl von seinen Landsleuten als auch von Fremden verstanden oder missverstanden werden. Deshalb sollte er das schreiben, was sein Roman, sein Gedicht, sein Märchen oder seine Kurzgeschichte verlangen, um ein Kunstwerk zu werden, und nicht auf die Akzeptanz einer bestimmten Leserschaft schielen. Wer sich in seinen Werken auf *eine* Leserschaft fixiert, verdient *keine*.

Nur wer weder geographische noch sprachliche Grenzen berücksichtigt, kann eine universelle Kunst schaffen.

Ein besonders krasses Negativbeispiel für das oben Gesagte ist der sogenannte »sozialistische Realismus«. Der Zweck dieser scheußlichen Produkte war, das Volk zu erziehen, ihm idealistische Werte zu vermitteln und dem Ausland auch ein glänzendes Bild der sozialistischen Gesellschaft zu vermitteln. Alle Helden dort waren geschlechtslose Engel, die im Bergwerk zwölf Stunden lächelnd schufteten (was haben die Parteibonzen in diesen Stunden gemacht?) und mit der Sonne im Gesicht noch immer lächelnd in den Tod liefen. Ich reiste durch die damalige Sowjetunion, traf und sah hunderttausende von Menschen, aber keinen dieser Helden.

# Die unsichtbaren Fallen

In jeder Sprache sind Fallen aufgebaut, die ein Fremder übersieht, sobald er müde, zornig, traurig oder betrunken ist, und die Menschen bemerken dann seine Fremdheit.

Auch der Akzent verrät den Fremden. Selbst Weltautoren wie Joseph Conrad oder Adelbert von Chamisso begleitete der Akzent und quälte sie bis zum Ende ihres Lebens.

Da ich mündlich erzählen wollte, übte ich lange. Ich bat, wie ich oben erwähnt habe, jede und jeden, mich aufmerksam zu machen, wenn mein Akzent zu stark war, und wenn das Gesagte unverständlich wurde. Ich möchte hier nicht die Tür zu den großen Wissenschaften der Phonetik und Phonologie öffnen, sondern nur andeuten, was ein Fremder alles bedenken muss, wenn er auf der Bühne sein Publikum für sich gewinnen will.

Ich verinnerlichte geduldig die Dehnungszeichen (wie etwa das Dehnungs-H in Wahl, ihn, hohl, Zahn, ohne). Ich baute Phantasiesätze auf, um zu üben: »Ohne Zähne isst man wohl Kohl«, und merkte mir den Unterschied zwischen meinem Lieblingsbuchstaben ß (dem einzigen Buchstaben, der nicht groß werden will) und dem normalen S. Dieses wird im Deutschen oft stimmhaft ausgesprochen wie das englische Z (in Sommer, sagen, singen, seltsam oder aufmerksam), oder stimmlos (in Syndikat, Bus, knusprig). Die Benennung »stimmlos« oder »stimmhaft« hängt mit der Beteiligung der Stimmbänder zusammen.

Und ich lernte Buchstaben zu verschlucken, die nicht oder kaum hörbar ausgesprochen werden müssen. (Gott sei Dank gibt es davon im Deutschen viel weniger als im Englischen.) All das kennt ein Araber nicht. Die Buchstaben Ü, Ö und Ä sind schwer, und Araber, die keine romanische Sprache in ihrer Kindheit gelernt haben, werden ihr Leben lang Probleme haben mit O, E und noch mehr mit P und W, die es im arabischen Alphabet nicht gibt.

Diese geheimen Agenten verraten den Fremden. Nicht nur ändert sich das Genus ohne Vorwarnung. Ein Baum ist im Arabischen feminin, im Deutschen maskulin. Im Arabischen sind Mond, Boden, Weg, Korn, Himmel, anders als im Deutschen, feminin. Das Italienische ist gnädig: Ein Substantiv, das mit »o« endet, ist maskulin und eines, das mit »a« endet, muss, in der Regel, feminin sein. Allerdings gibt es Ausnahmen: la mano, la radio, la foto sind feminin und il dilemma, il problema, il papa, il collega, il pianista maskulin.

Das alles geht noch, die gnadenlose Passkontrolle aber steht dem Araber mit dem dritten Geschlecht bevor.

Den Artikel »das« für das Neutrum gibt es weder im Arabischen, Englischen, Französischen noch im Italienischen.

Ein Mädchen! Was ist das? Das ist eine junge Frau, aber du sagst, ich gebe *ihm* ein Buch. Bei Fräulein kann es sich um eine erwachsene Frau handeln, aber im Dativ wird auch sie zu einem Mann.

Für mich ist ein Oberhaupt der Familie ein Mann, nicht selten mit gewaltigem Schnurrbart, aber für jedes Kind in Deutschland ist es ein Neutrum.

Auch im Arabischen gibt es tausend Fallen, die einen Fremden noch nach zwanzig Jahren zum Straucheln bringen. Bei »du« unterscheidet der Araber je nach angesprochener Person zwischen einem femininen (anti) oder maskulinen (anta) Gegenüber und die Verben folgen dann dieser Zuordnung. Es gibt neben der Singular- und Plural- auch eine Dualform für alle Substantive.

Nicht die Beherrschung der Sprache ist hier gemeint, sondern das konfliktreiche Einleben in eine Sprache, deren höchster Ausdruck die Literatur ist. Es ist ein Abenteuer, schmerzlich und bereichernd, wie Abenteuer nun mal sind.

# Die Befreiung

Die Entscheidung, auf Deutsch zu schreiben, trug in sich die radikale Befreiung von der Entfremdung, die das Arabische seinen Autorinnen und Autoren auferlegt. Arabisch ist eine schöne Sprache mit wunderschöner Schrift, deren einziger großer Mangel war und ist: Sie ist seit über tausend Jahren ohne Reform oder Erneuerung geblieben. Das verhindern die Fundamentalisten mit der dümmlichen Begründung, dass Arabisch von Gott geschaffen sei und keiner Reform bedürfe. Das ist eine so freche und selbstherrliche Aussage, dass man nicht selten am Verstand der Leser zweifelt, die das schlucken. Nicht nur ist das anderen Völkern gegenüber überheblich (die arabische Sprache sei von Gott gemacht, während die anderen Sprachen von Menschen entwickelt worden seien), heute weiß man zudem, dass sich das Arabische aus dem Aramäischen gebildet hat. Das aber verschweigen die Eiferer einer vermeintlich gottgegebenen Tradition.

Es ist außerdem eine historisch belegte Tatsache, dass die arabische Sprache in den ersten 200 Jahren nach dem Tod des Propheten so oft reformiert und weiterentwickelt wurde wie kaum eine andere Sprache. Selbst der Koran wurde mit den modernen Buchstaben neu geschrieben. Von 28 Buchstaben hat heute die Hälfte (!) Punkte, um sie von ähnlich aussehenden Buchstaben zu unterscheiden. Das Altarabisch kannte die punktierten Buchstaben nicht.

*Das arabische Alphabet ohne Punkte.
Die nahe beieinander stehenden
Buchstaben waren absolut identisch, obwohl sie
verschiedene Buchstaben darstellten;*

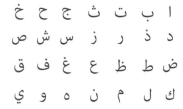

*... und die reformierte Schrift mit Punkten.*

Man erkennt durch den Vergleich, wie schwer, ja unmöglich die Buchstaben voneinander zu unterscheiden waren. Man musste sie im Zusammenhang lesen. Dieser Zustand führte bei zunehmender Zahl der Anhänger der neuen Religion zu einem großen Problem beim Lesen des Korans ohne Punkte.

Die ersten Gläubigen haben den Koran auswendig gelernt und mündlich überliefert. Die Schrift war bloß eine blasse Stütze. Die späteren Anhänger kannten nur die Schrift und verwechselten die Wörter.

Die Reform der Schrift wurde mit Nüchternheit und Entschlossenheit durchgeführt, obwohl sie das heiligste der Heiligtümer berührte, den Koran. Die Belohnung lag auf der Hand. Sie erleichterte das Lesen und verminderte die Fehlinterpretationen.

Die arabische Sprache verlor an Dynamik und Eleganz im Untergang der arabischen Zivilisation ab dem 10. Jahrhundert und nicht erst mit dem Mongolensturm, wie schlechte, nationalistische arabische Historiker behaupten. Der innere Verfall setzte bereits im 10. Jahrhundert ein: Bücherverbrennung, heuchlerische Kalifen mit Tausenden von Eunuchen und Sklavinnen, die aber öffentlich den Frommen spielten, Verfolgung der oppositionellen Dichter und Philosophen, Stagnation der Forschung oder Unterdrückung der Minderheiten. Von da an blühten derlei Überhöhungen auf und die Sprache wurde zu einer göttlichen Mumie.

Auf Arabisch unter der Diktatur zu schreiben ist andererseits nicht besonders authentisch. Der Autor erlebt eine andauernde Entfremdung und Zerrissenheit zwischen dem, was er sagen will und kann, und dem, was er sagen darf.

Die fehlende Freiheit hat auch große negative Auswirkungen auf die Opposition, die seit Jahrzehnten im Untergrund dahinvegetiert, ohne Einfluss auf die Gesellschaft ausüben zu können, und sich dabei ständig in Lebensgefahr befindet. Kommunisten, Nationalisten, Sozialisten und Islamisten wurden durch die Verfolgung gleichermaßen zentralistisch und undemokratisch. Sie ähnelten immer mehr verfolgten Sekten, und damit erstarben auch im Untergrund die Möglichkeiten, dass sich mit der Kritik auch die Sprache entfaltet. Ihre Begründung: Man dürfe keine Kritik an der Führung im Untergrund üben, da dies Wasser auf die Mühlen der Diktatur sei. Personenkult, Korruption und Gehorsam hatten auch hier die Oberhand.

So ist es auch heute noch in vielen oppositionellen Print- und elektronischen Medien. Ein befreundeter Journalist stellte mir eine Liste der zehn arabischen oppositionellen Zeitungen und Zeitschriften zusammen, die in London erscheinen. Acht von ihnen werden von den Ölscheichs finanziert und eine vom Iran. Und das soll freier kritischer Journalismus sein?!

Mit dem ersten literarischen Satz, den ich auf Deutsch schrieb, fühlte ich eine Leichtigkeit, eine Einheit zwischen dem Geschriebenen und dem Gedachten.

Ein ausländischer Kollege klagte einst: »Wir müssen doppelt so gut wie die deutschen Kollegen schreiben, damit wir auch nur halb so viel beachtet werden.«

Er erschrak, als ich ihm sagte: »Gott sei Dank. Das ist eine versteckte Liebeserklärung. Wir sollen meines Erachtens dreimal so gut schreiben, damit wir mit unserer Literatur nicht nur die Deutschen, sondern Leser in der ganzen Welt erreichen.«

## Metamorphose

Was ist Heimat? Es gibt kaum ein Wort, das so simpel klingt und sich doch so hermetisch verschließt gegen die Eindeutigkeit. Seit uralten Zeiten setzten sich Dichter und Philosophen mit dem Begriff auseinander. Heimat (als Ort der Herkunft und als Begriff) wurde geheiligt, verflucht, bedient und missbraucht. Sie kann ein geographisch definierter Ort, eine Sprache, eine Zeit (zum Beispiel die Kindheit), ein Wunschbild, ein Traum sein, sogar Menschen können durch ihre Freundschaft für andere zur Heimat werden. Doch ich kann jede dieser genannten Verortungen mit Beweisen widerlegen.

Die Beziehung eines Menschen zu einem Ort, in der Regel zum Geburtsort, wird oft in der Definition von Heimat an erster Stelle aufgeführt, aber Millionen von Nomaden haben keine Beziehung zu einem definierten »Ort«. Sie können – bedingt durch ihr unstetes Leben – nicht einmal ihren Geburtsort nennen, und dennoch lieben sie die Wüste so, dass sie der Verführung der glitzernden, reichen Städte nicht verfallen.

Als ich ins Exil ging, war ich, wenn mir, wie so oft, jemand die Frage stellte, wo meine Heimat sei, um eine Antwort verlegen. Drei Orte spielen für mich eine wichtige Rolle: meine Gasse, die umgebende Stadt Damaskus und das Bergdorf Malula, woher meine Eltern stammen und wo wir immer die Sommer verbrachten. Malula ist ein besonderes Bergdorf, das seine aramäische Sprache über 2000 Jahre trotz der Nähe zu Damaskus verteidigt hat.

Aber nie hatte ich so eine innige Beziehung zu diesen

drei Orten, wie seitdem mir bewusst wurde, dass mein Exil von Dauer ist.

Bernhard Schlink setzt sich in seinem hervorragenden Essay mit dem Begriff Heimat auseinander. Seine zentrale These lautet: Man erlebe die Heimat, wenn man fort sei, wenn sie fehle. Heimat ist also verbunden mit der Erfahrung von Verlust, von Heimatlosigkeit. Hier sind also zwei Begriffe, die einander bedingen. Heimat und Exil. Zu ähnlichen Ergebnissen kam der große Autor und Filmregisseur Edgar Reitz mit seinem monumentalen, einzigartigen Werk *Heimat*.

Ich lebte in Deutschland und träumte von Damaskus. Aber immer mehr verlor sich der Rückweg nach Damaskus im Nebel der Unmöglichkeit. Eine leichtsinnige Rückkehr endete für einige Freunde mit einer Verhaftung. Und ich fand mich in Deutschland immer besser zurecht, doch ich konnte das Land nicht als meine Heimat betrachten. Ich hatte 14 Jahre lang (1971 bis 1985) ständig Probleme mit der Aufenthaltserlaubnis. Die Ausländerbehörde nahm mir also die Möglichkeit, Deutschland als meine Heimat zu betrachten. Sie erinnerte mich immer wieder daran und auch nach 15 Jahren, dass ich Ausländer bin.

Ob es sich um den brutalen Terroranschlag bei den olympischen Sommerspielen in München (ich habe damals dort in der Cafeteria gearbeitet) handelte, oder um Flugzeugentführungen: immer wurden Bekannte, Kollegen oder Nachbarn arabischer Herkunft ausgewiesen. Immer wieder war ich auf der Suche nach einem Land, das mich im Falle eines Falles aufnehmen würde, sollte ich aus Deutschland ausgewiesen werden. Ich flüchtete mich in die Arme der deutschen Sprache, und sie nahm mich auf. Von da an sagte ich, die deutsche Sprache sei meine Heimat. Das war vielen »nüchternen« Menschen zu poetisch.

Die Geborgenheit, die ich – in Zeiten der Krisen – bei einigen Freundinnen und Freunden spürte, und das Gefühl, von ihnen verstanden und akzeptiert zu sein, ließen mich bald sagen: »Meine Freunde sind meine Heimat.« Es war ein schönes, verständliches Bild sogar für die »Nüchternen«, eine Hymne auf die Freundschaft. Aber die gesellschaftliche und politische Entwicklung riss uns auseinander, in manchen Fällen (so zum Beispiel der Aufstand in Syrien 2011) machte sie sogar Gegner aus uns. Was ist also mit der Heimat? Ist sie verschwunden? Nein! Ist sie eine falsche Heimat? Nein. Die hoffnungsvolle Formulierung, die Heimat und Freundschaft gleichsetzte, war zu simpel, um den vielschichtigen Inhalten von Heimat zu genügen.

Ich fand Trost bei Ernst Bloch: Er gibt dem Begriff eine utopische Dimension von einer befreiten, gerechten Gesellschaft der Zukunft, und Bloch, der sehr enttäuscht von dem stalinistischen Sozialismus war, betont, dass sich dieser Wandel in der Demokratie vollziehen muss: »Die wirkliche Genesis ist nicht am Anfang, sondern am Ende, und sie beginnt erst anzufangen, wenn Gesellschaft und Dasein radikal werden, das heißt sich an der Wurzel fassen. Die Wurzel der Geschichte aber ist der arbeitende, schaffende, die Gegebenheiten umbildende und überholende Mensch. Hat er sich erfasst und das Seine ohne Entäußerung und Entfremdung in realer Demokratie begründet, so entsteht in der Welt etwas, das allen in die Kindheit scheint und worin noch niemand war: Heimat.«

Das Philosophische in dieser Formulierung, die damals kontrovers diskutiert wurde, tröstete mich zwar, half mir aber wenig, den Begriff Heimat näher zu erklären. Es enthielt die Verzweiflung eines klugen Mannes nach Durchsicht der Vergangenheit und seine bittere enttäuschende Erfahrung mit der Gegenwart.

Heimat lässt sich nicht festnageln an Orten, Menschen, Sprachen oder Ideologien. Sie wandert mit uns, unsichtbar nistet sie sich in unserem Gedächtnis ein wie ein Märchen, wie eine gute Idee, wie eine Erinnerung an eine unerfüllte große Liebe, und sie glüht in dieser Erinnerung um so heftiger, je entfernter wir von unseren Kindheitsorten sind – geographisch oder zeitlich. Viele Freunde von mir belächelten mich, solange sie noch jung waren, wenn ich von Damaskus schwärmte. Nun werden sie als alte Menschen sentimental und erzählen fasziniert von Zeiten und Orten ihrer Kindheit. Nicht einmal deren Zerstörung wie in Aleppo oder Homs bremst ihre Sehnsüchte.

# Die Sippe

Eine der lebendigsten Kulturen der Welt liegt nun brach. Ihr Beitrag zur zivilisatorischen Entwicklung geht gegen null. Die Araber sind zwar große Erdöl-Lieferanten und Konsumenten, aber man beteiligt sie an keiner Entscheidung von Bedeutung für die Welt. Und wenn die Freiheit einer Nation die Summe der Freiheit ihrer Bürger ist, so geht diese Summe in allen arabischen Ländern auch gegen null.

Die moderne Technik und der märchenhafte Reichtum durch das Erdöl trugen nicht zur Aufklärung und zu einer Entwicklung einer selbständigen Zivilisation bei, sondern ließen die arabischen Gesellschaften viele Tarnmittel importieren, sodass sie sich einbilden konnten, sie beteiligten sich am Fortschritt, wenn sie über Satellitenantennen, mehrere Smartphones, schicke Autos, modernste Waffen, fahrerlose U-Bahn und andere Erzeugnisse der modernsten Technik verfügen. Dabei können alle diese Länder nicht einmal selbständig eine Schraube geschweige denn einen Chip herstellen.

Die Selbstlüge geht so weit, dass Saudi-Arabien mit einem Astronauten protzt. Er heißt Sultan bin Salman al Saud, der Sohn des jetzigen Königs Salman bin Abdulaziz al Saud. Er flog am 17. Juni 1985 als erster Araber mit der US-Raumfähre Discovery ins All. Nach sieben Tagen endete die Mission. Die Saudis zahlten Milliarden für dieses billige Theater. Das wurde gefeiert, als hätten die Araber die Raumfähre erfunden. Und schon war das Volk mit einem Witz dabei, der genial zeigt, wie die Menschen das Verdummungsspiel durchschauten.

Die Raumfähre kehrte also nach sieben Tagen zurück. Der Vater empfängt den Sohn in der Hauptstadt Riad feierlich und hunderte von ausgewählten Gästen sind zu dem Festessen eingeladen. Der Vater bemerkt beim Essen aber, dass die rechte Hand des Sohnes ziemlich geschwollen und dunkelrot ist.

»Was ist mit deiner Hand passiert?«, fragt der Vater laut. Er denkt, er wird nun eine heroische Antwort hören.

»Immer, wenn ich irgendeinen dieser bunten Knöpfe drücken oder einen der vielen Hebel ziehen wollte, schlug mich der Kommandant Daniel Brandenstein auf die Hand und rief: ›Lass das.‹«

Die Ursache unserer Rückständigkeit ist mannigfaltig, und ebenso vielfältig wird auch die Lösung aussehen müssen, wenn sie etwas Hoffnung und Zuversicht geben soll.

Ich möchte hier nicht beim europäischen Kolonialismus beginnen oder die 400-jährige osmanische Besatzung, den Mongolensturm oder gar die Kreuzzüge ins Feld führen. Ich möchte vielmehr ein ganz zentrales, tief begründetes Element unserer Rückständigkeit behandeln, das uns die Hände fesselt: die Sippe.

Die Wüste hat vieles in der arabischen Kultur und Persönlichkeit geprägt. So ist etwa die Malerei nicht erst durch den Islam verhindert worden. Auch vor dem Islam haben die Nomaden kaum bedeutende Malerei oder Bildhauerei zurückgelassen. Was soll man in der Wüste malen? Farb- und Wetterwechsel gehen fast unbemerkbar, langsam vonstatten. Das Auge ruht und regt die Hand nicht zum Nachahmen an wie in Europa, wo Natur und Wetter im Eiltempo wechseln. Das Auge ist dauernd angeregt und die Hände formen alles nach.

Nein, derselbe Islam konnte bei einer städtischen Zivilisation wie der persischen nicht verhindern, dass die Iraner die Kunst der Miniatur zur Perfektion brachten.

Dafür hat die hörbare Stille dem Araber die Zauberfarbe der Worte geschenkt. Fast verhungert, besangen sie ihr Paradies. Das religiöse Paradies ist nicht mehr als ein üppiger, aber versteckter Garten. In diesem Garten fließen Milch, Honig und Wein. So leicht nahmen sie ihr Paradies, in Worten verpackt, mit auf Reisen.

Die arabische Sprache ist reich an Nuancen und Synonymen, die sich nur in einer Öde entwickeln können. Die Wüste war es auch, die die Geschlechterrollen anders formulierte. Nicht Vater und Sohn kämpften um die Gunst der Mutter und brachten zur Freude Freuds den uns heute als Ödipus bekannten Komplex hervor, sondern es entstand ein Wettstreit zwischen Vater und Mutter um die Gunst der Kinder. Wer deren Gunst erwarb, sicherte seine alten Tage in Würde. Die Frau siegte in der Wüste öfter. Nicht selten bekamen die Kinder den Namen ihrer Mutter, weil sie der sichere, lebenserhaltende Schatten, der Halt in der Wüste war. Die Väter kamen oft von ihren Kämpfen nicht zurück. Dieser Umstand führte dazu, dass sich die Polyandrie (Vielmännerei) vor dem Islam unter den arabischen Nomaden verbreitete.

Erst in den Städten verbannten die Männer die Frauen in den Harem, aus Angst vor ihrer Macht. Damit war der Kampf in der Öffentlichkeit entschieden, nicht aber in den eigenen vier Wänden.

Die Wüste ist auch die Mutter der arabischen Gastfreundschaft (wie wir unten noch sehen werden). Und sie ist die Geburtshelferin der arabischen Sippe. Die Wüste ist für Reisende und Abenteurer wunderschön, aber auf Dauer ist sie lebensfeindlich. Das Sippensystem ist eine hervorragend geeignete Institution, um das (Über-)Leben in der Wüste zu ermöglichen. Heute hindert es die Araber daran, an der Zivilisation teilzunehmen.

Die Deutschen gebrauchen den Begriff Sippe entweder als satirische Bezeichnung der Familie oder in Verbindung mit dem Wort Haft, um die üble Kollektivhaftung einer Familie für die Taten ihrer Angehörigen zum Ausdruck zu bringen. Diese Terrormaßnahme wurde und wird in allen Diktaturen sehr wirksam gegen politische Gegner eingesetzt.

Die Sippe ist aber mehr als die Familie. Sie ist ein vorstaatliches Herrschaftssystem, das auf (realer oder fiktiver) Blutsverwandtschaft basiert. Sie regelt die religiösen, ökonomischen, gesellschaftlichen und politischen Angelegenheiten einer nach außen geschlossenen Gesellschaft.

Je mehr der Staat an Präsenz gewinnt und seine Institutionen Aufgaben wahrnehmen, umso mehr verschwindet die Sippe, deshalb hat sie in der europäischen bürgerlichen Gesellschaft keine Bedeutung. In vielen Ländern Asiens und Afrikas überlebt die Sippe, weil der postkoloniale Staat selten seine Rechte und Pflichten wahrnehmen konnte und kann. Vor allem in den arabischen Ländern, wo der Staat eher zur Tarnung als zur Abschaffung der Sippe beiträgt, ist ihre Herrschaft in allen Bereichen übermächtig.

Weder die Institutionen noch das Gesetz des Staates haben in diesen Ländern das Sagen. Sie werden weder sozialistisch noch republikanisch noch monarchisch regiert, weder konservativ noch liberal, sondern jeweils von einer Sippe: in Syrien seit über 40 Jahren von der Sippe Assad, in Saudi-Arabien von der Sippe Saud, die sogar dem Land den Namen ihrer Sippe überstülpte, nachdem sie mithilfe der Briten 1932 die anderen Sippen besiegt hatte. Jordanien wird nach der Familie Haschem genannt: »Haschemitisches Königreich Jordanien« und im Libanon teilen nach 15 Jahren Bürgerkrieg heute dieselben Sippen die Macht, die den Bürgerkrieg anfingen.

Das System der Sippe gewährt Geborgenheit und Hilfe für die Angehörigen, aber es verlangt dafür absolute Loyalität gegenüber dem Herrscher der Sippe, *auch wenn er im Unrecht ist.* Opposition wird als Verrat betrachtet, da Opposition die Gesellschaft fraktioniert. Kritik und Meinungsfreiheit, die für die Demokratie lebensnotwendig sind, drohen die Herrschaftspyramide der Sippe zu stürzen. Daher passt die Sippe mehr zu einer Diktatur als zu einer Demokratie. Aber auch zivilisatorisch ist die Sippe eine Hürde, die überwunden werden muss. Die moderne Zivilisation ist europäisch geprägt und betont die Würde und Freiheit des Menschen. Diese zwei Elemente, Freiheit und Würde des Einzelnen, erkennt das Sippensystem, das auf Überleben programmiert ist, nicht an. Für das wiederum ist absolute Loyalität unentbehrlich.

Das führt aber zur Vernachlässigung aller anderen Werte. Dieser Punkt ist der wichtigste Grund der Rückständigkeit all der Länder, die von Sippen beherrscht werden. Der Herrscher selbst und seine Sippe kennen kein

Nationalgefühl. Ihm ist es völlig gleichgültig, was mit dem Land passiert, ob Wirtschaftskrisen, die Vergeudung der Reichtümer, Demütigung zum Beispiel durch Israel, den Iran, die Türkei oder den Westen, auch Verschlechterung und Krisen des Schul-, Gesundheits-, Renten- oder sonstiger Systeme die Gesellschaft leiden lassen. Das alles ist ihm so fern, als sei nicht Syrien oder Saudi-Arabien, sondern Kanada betroffen. Es fehlt an allem, aber die Diktatur wird mit Milliardenaufwand gefestigt. In arabischen Ländern gibt es kein genießbares Brot für alle, dafür die besten Geräte und Computerprogramme zum Aushorchen und Unterwandern der Opposition. Es ist eine bekannte Tatsache, dass die arabischen Herrscher die wiederholten Niederlagen gegenüber Israel bis zur Grenze der Lächerlichkeit in verbale Siege verwandelt haben. Assad (Vater wie Sohn) hat den Golan nicht einmal mehr erwähnt, aber seine Anhänger posaunen, er sei der einzige Revolutionär, den Israel fürchtet. Zuletzt provozierte Netanjahu nicht nur mit militärischen Schlägen, sondern auch mit der Äußerung, er wolle den Golan nicht mehr zurückgeben und hielt dort mit seinen Ministern eine Kabinettssitzung ab. Assad ließ erklären, er lasse sich nicht provozieren. Es blieb bei der Erklärung.

Das wichtigste für die Sippe ist also *ihr* Überleben, nicht das des Landes. Auf Staatsebene wird Loyalität mit einflussreichen Stellen im mafiosen Netz belohnt. Die Spitze der Pyramide besticht die Sippenvorsteher, und diese geben ein paar Brosamen an die unteren Ränge weiter. Daher entwickelte sich nie eine breite Solidarität mit den politischen Gefangenen. Die Menschen denken, dass Gefangenschaft, Folter und Unmenschlichkeit, die

Unschuldige oder Oppositionelle erdulden müssen, sie als Bürger nichts angehen. Nur die jeweilige Sippe ist betroffen, der der Oppositionelle angehört.

In diesem System treten die Gesellschaften auf der Stelle, weil aus Fehlern nicht gelernt wird, Kritik nicht erlaubt ist und Missstände mit Bestechung getarnt werden. Korruption auf allen Ebenen ist die Folge.

# Der Hegelvernichter

Als Student lernte ich einen Syrer kennen, der war zehn Jahre älter, aber genau wie ich Damaszener und Christ. Er war so radikal, dass Lenin rechts von ihm stand. Auch Rosa Luxemburg, Bebel und die gesamte sowjetische Führung mussten sich als rechte Sozialdemokraten in eine dunkle Ecke verkrümeln. Links von ihm standen nur Mao Zedong, Enver Hoxha und Ernst Aust. Wer Letztere nicht kennt, muss sich nicht schämen. Sie sind heute bedeutungslos. Enver Hoxha war 41 Jahre lang der Diktator von Albanien. Er stammte aus einem reichen Elternhaus und endete als korrupter machtverrückter Mann, der 1968 seinen Namen ENVER in 100 Meter großen Buchstaben aus massiven Steinen in den Berg Shpirag bauen ließ. Nach dem Sturz der Diktatur wurden die Buchstaben verändert in NEVER.

Ernst Aust war der Gründer einer stalinistischen Partei, die sich KPD/ML nannte. Er stand dem albanischen Diktator Hoxha sehr ergeben gegenüber, und als dieser ihn 1974 empfing, in »Einzelaudienz«, wie es hieß (merke die Nähe zum vatikanischen Sprachgebrauch), gab mein syrischer Bekannter eine große Party in Heidelberg. Es gab syrische Spezialitäten, die ein syrischer Koch aus Mannheim zubereitet hatte. Unser Gastgeber selbst konnte nicht einmal ein Ei kochen, ohne die Küche zu zertrümmern. Er bemühte sich wortreich zu begründen, warum Hoxha noch besser als die chinesische Führung sei. Er erntete Beifall der anwesenden KPD/ML-Genossinnen und Genossen. Uns hungrigen armen Studenten waren die Konflikte zwischen dem russischen, chinesischen und albanischen Weg zum Sozialismus gleichgültig. Wir genossen Tabbuleh, Kebbeh, Falafel, Hommos, Safiha und Kefteh in rauen Mengen. Denn dieser Syrer war der Sohn eines reichen Juweliers.

Er bemitleidete mich als Reformist und Illusionär, der versuchte, den Dialog zwischen Israelis und Palästinensern zu unterstützen. Für ihn waren das sinnlose Aktivitäten. Juden und Araber sollten bitte schön die Weltrevolution entfesseln, dann würden alle Probleme gelöst. Die Weltrevolution war damals so in Mode wie heute Tätowierungen und Veganismus.

In seiner großen, sehr teuren Wohnung am Neckar sah man die Wände nicht. Jeder Quadratzentimeter war von revolutionären Büchern und Plakaten bedeckt, die zur Weltrevolution aufriefen. Das änderte sich schlagartig, als sein Vater zu Besuch kam. Die deutsche Freundin des Syrers erzählte mir von dessen Ankunft und weinte sich bei mir aus. Sie durfte ihren Freund weder sehen noch anrufen, da der vor seinem Vater den Alleinstehenden, Tugendhaften spielte.

Ein paar Tage später lud er mich zum Abendessen ein. »Mein Vater kennt deinen Vater«, begründete er seine Einladung. Im Treppenhaus bekam ich die Anweisung: kein Wort über Politik oder über die Freundin.

Der alte Herr war jovial höflich. Er klopfte mir dauernd auf die Schulter. Er kannte in der Tat meinen Vater, mit dem er im Café Backgammon spielte, und lobte dessen Spielkunst. Wir hatten tausend Themen und kamen deshalb weder auf Politik noch auf die Freundin zu sprechen. Aber mir fiel auf, dass die Wände nackt und die

Bücherregale halb ausgeräumt waren. Sogar der alte Herr beschwerte sich über die leeren, kühlen Wände und empfahl seinem Sohn, schöne Bilder aus Syrien rahmen zu lassen und aufzuhängen.

Es widerte mich an, wie artig der Sohn mit seinem Vater sprach. Oft auf Französisch, da er wie sein Vater eine französische Eliteschule besucht hatte. Französisch für kultiviert zu halten war eine Macke der syrischen Reichen.

Ich brach vorzeitig auf und beschloss, ihn nie wieder zu besuchen.

Es vergingen Monate. Die Deutsche war inzwischen von ihrem Syrer getrennt und hatte sich in einen Mann verliebt, der sie nicht vor seinen Eltern verstecken musste. Und er selbst? Den traf ich an einem sonnigen Herbsttag in einem Heidelberger Café.

»Ich habe meine Doktorarbeit zu Ende geschrieben und Hegel vernichtet«, berichtete er mir stolz. Ich kannte Hegel wenig, drei Versuche, ihm näherzukommen, waren gescheitert. Aber der Hegelvernichter hatte noch eine Menge anderes zu erzählen: »Mutti hat eine Frau für mich gefunden«, sagte er und lächelte Beifall heischend. Ich war schockiert. Der Hegel-Vernichter und linksextreme Hoxha- und Mao-Verehrer sprach mit 34 Jahren von seiner »Mutti«?

»Eine Frau gefunden? Wo lag die Frau, dass deine Mutter sie finden konnte?«

»Stell dich nicht dumm. Du weißt, was ich meine. Mutti hat in ihrem Bekanntenkreis eine geeignete Braut für mich ausgesucht. Sie ist Alleinerbin eines kleinen Imperiums.«

»Deine Mutter! Und du, Lenin-Verächter und Hegel-

Vernichter, heiratest die Frau, die deine Mutti für dich gewählt hat? Kennst du die Frau?«

»Nein, aber so sind unsere Sitten. Beide Sippen sind begeistert von der Vermählung von Ruhm und Reichtum«, fügte er arrogant hinzu.

Ich stand auf und ging, ohne mich zu verabschieden. Er flog kurz darauf nach Damaskus, heiratete die Erbin, die seine Sippe für ihn bestimmt hatte, und wurde bald darauf ein hoher Beamter im Kulturministerium, dem kulturellen Arm des Geheimdienstes.

Weder Hegel noch ein Jahrzehnt in Deutschland noch Hoxha, geschweige denn Mao hatten die Sippe besiegen, ja nicht einmal schwächen können.

## Dauererneuerung

Nie zuvor in meinem Leben hatte ich das Gefühl gekannt, mich täglich erneuern zu müssen. Ich muss gestehen, dass ich – wie jeder Mensch – bar jeder Erfahrung ins Exil gegangen war. Wie den Tod kann man das Exil nicht einüben oder gar lernen. Alle Erfahrungen in Deutschland waren für mich immer wieder »das erste Mal«.

Wenn ich die Schicksale der deutschen Exilautoren während der Nazidiktatur mit unseren heutigen vergleiche, so tauchen viele Parallelen auf, wie etwa die Hoffnung, dass Hitler bald vom eigenen Volk oder Militär gestürzt würde, die sich als Illusion erwies. Auch ihre berechtigte Annahme, sie würden in den demokratischen Aufnahmeländern als mutige Deutsche, die sich gegen das Naziregime auflehnten, mit offenen Armen empfangen werden, erwies sich als falsch. Gleichgültigkeit, ja Ablehnung schlug ihnen entgegen. Einreisevisa, Arbeitsgenehmigungen und Einwanderungsbestimmungen der Gastländer stellten die meisten Exilierten vor große Probleme.

Ausbürgerung, Enteignung und Verfolgung schmerzte damals wie heute. Der Umstand, dass ich plötzlich von meiner Damaszener Gesellschaft getrennt war, wurde mir nur langsam bewusst, vielleicht erst im zweiten Jahr. Ich konnte meinen Freunden, Freundinnen und Geschwistern die Veränderungen, die ich hier durchmachte, immer weniger erklären. Kälte der Behörden, Angst vor Ausweisung, vor der Ebbe auf meinem Konto, vor Fremdenfeindlichkeit ... Meine Angehörigen und Freunde reagierten am Telefon oder brieflich unbeholfen, fast zynisch. »Dann komm doch zurück«, empfahlen sie mir. Das konnte ich nicht.

Ich merkte aber auch, dass ich die Dynamik der Veränderungen im Leben mir lieber Menschen, die in Syrien geblieben waren, immer weniger verstehen konnte. Nichts bleibt stehen. Auch Damaskus nicht. Diese Einsicht klingt einfach, aber sie ist tonnenschwer. Ich wusste, dass die Erinnerungen manchmal der Zündfunke zu einer Geschichte waren, aber auf Dauer verloren die Protagonisten und die Orte, an denen sie sich bewegten, an Lebendigkeit und Glaubwürdigkeit. Außerdem begann ich, wie jeder Mensch, vieles zu vergessen. Mir fehlten die Informationen aus Damaskus.

Ich musste eine Gegenmaßnahme ergreifen. Etwa ab dem Jahr 1976/77 begann ich mit dem Aufbau meines Archivs (damals gab es noch kein Internet). Ich sammelte alles: Bücher, Landkarten, Stadtpläne, Filme, Theaterstücke, Lieder, Dokumente der Auseinandersetzungen der modernen arabischen Denker, Interviews mit ehemaligen Gefangenen, Fotografien, von Profis und von einfachen Menschen aufgenommen, die für mich die Atmosphäre einfingen. Dieses Archiv nannte ich »Damaskus« und es befähigte mich, so zu schreiben, als wäre ich dort.

War ich jemals fort?

Ich studierte alles, was mir in die Hände fiel, und merkte langsam, dass ich die Situation in dem Land, das ich verlassen hatte, besser verstand.

Es war ein täglicher Prozess: Ich erneuerte meine Informationen und dabei erneuerte ich mich.

Manchmal musste ich einen tüchtigen Freund oder einen meiner Verwandten beauftragen, im Antiquariat ein bestimmtes Buch für mich zu suchen. Oft hatte ich Glück. Meine Schwester machte mit ihrem Kassettenrecorder Aufnahmen, auf der Straße, bei Festen und oder den Treffen von Frauen, die Witze über Männer erzählten und lustige Lieder sangen. In solchen Augenblicken war Damaskus so nah, dass ich vor Freude weinte.

## Zeiträuber

Exil ist eine gemeingefährliche Bestie. Sie tarnt ihre Mordlust mit Sanftheit und Melancholie, und plötzlich springt sie einen Ahnungslosen an und bricht ihm das Genick. Doch wer ihre Gefahren kennt und sie vorsichtig dressiert, dem schenkt diese Bestie wie die Löwen und Tiger im Zirkus wunderbare Augenblicke.«

Das schrieb ich 1996 nach einem Gespräch mit meinem Freund Patrik Landolt. Das Erste, was man von einem Dompteur lernt, ist: Disziplin und absolute Konzentration.

Das Exil bringt eine Krankheit namens Zerstreuung der Kräfte mit sich. Sie lauert wie eine Räuberbande hinter jedem Gespräch und Besuch, hinter jedem Telefonat und jeder E-Mail, sogar hinter jeder harmlosen Begrüßung, und unversehens greift sie an und man ist bis zu den Ohren in eine Sache verwickelt, die einem Zeit stiehlt. Und man taumelt durch die Tage, schlaflos, unkonzentriert und hektisch. Man findet kaum noch die notwendige Ruhe für eine Vertiefung der Erfahrungen, der Gedanken.

Alle wollen etwas von den Exilanten, und zwar möglichst sofort. Manchmal schien es mir, als hätten sich die Anrufer Sorgen um mich gemacht, als wollten sie mich vor der Langeweile retten und mir deshalb eine Beschäftigung besorgen. Pro Tag bis zu drei Angebote mich einzumischen, aufzutreten oder eine Schirmherrschaft zu übernehmen. Und dabei hält jeder der Anbieter sich für einmalig und seinen Einfall für genial.

So etwas hat talentierte Kolleginnen und Kollegen schon ruiniert.

Das einzige Heilmittel ist schwer anzuwenden: eiserne Selbstdisziplin, die möglicherweise von der Umgebung als Kälte empfunden wird, flankiert von der Fähigkeit, »Nein« zu sagen, bis hin zur schroffen Absage.

Wer danach noch ein Freund bleibt, ist wahrlich ein Freund.

Künstlerische Arbeit verlangt in gewissen Zeiten asozial zu sein.

## Ein treuer Hund

Trauer ist ein treuer Hund, schrieb ich vor kurzem einer Damaszener Freundin. In den Anfangsjahren dachte ich, die Trauer um den Verlust der Heimat würde mit den Jahren schwinden. »Aus dem Auge, aus dem Sinn« lautet eine Redensart, die es so oder ähnlich bei vielen Völkern gibt. Aber das gilt nicht für Kindheitsorte.

Die Sehnsucht danach, die Trauer um diesen Verlust verschwinden in Augenblicken der intensiven Liebe oder während eines Rausches, ausgelöst durch Freude oder Alkohol. Aber bald taucht wieder irgendetwas auf, ein Gesicht, das einen an einen Freund oder eine Freundin erinnert, oder irgendein Geruch, und schon lösen sich die Füße vom Boden des Exillandes und landen dort, wo man einst den Duft wahrgenommen hat. Das Bild des Exilanten, der auf dem Koffer sitzt, ist nicht übertrieben.

Es reicht eine Nachricht über die Bedrohung eines wehrlosen Fremden, und ein Exilant, so wohlhabend, prominent und geschützt er auch sein mag, wird verunsichert. Es vergehen Stunden der Lähmung ... eine unendliche Traurigkeit erfasst das Herz.

Ich bin in Deutschland geschützt und habe hier Familie, Freunde und mein Publikum, aber manchmal besuchen mich ungeladene Gäste aus meiner Erinnerung: meine Mutter, die starb, während sie auf meine Rückkehr wartete. Weinend hatte sie mir am Telefon noch gesagt, dass sie voller Energie sei, mir mein Lieblingsgericht »Kebbeh« backen und so viele Gäste einladen würde wie die Zahl der Jahre meines Exils, wenn ich nur bald zurückkehren würde. Freunde tauchen plötzlich auf und trinken in meiner Küche einen Espresso mit mir. Sie waren zehn und mehr Jahre im Gefängnis gefoltert worden. Andere kommen mir plötzlich ins Gedächtnis, die sehr jung und verbittert gestorben waren. Das ist eine der perfidesten Waffen einer Dauerdiktatur: Menschen an Verbitterung sterben zu lassen, indem sie ihnen jeden Tag die Ausweglosigkeit zeigt.

Letzte Woche war ich beim türkischen Lebensmittelhändler und hörte mir sein Leid an. Er ist Kurde und hasst die Fundamentalisten und Erdoğan, und trotzdem ist er Beleidigungen ausgesetzt. Nach 30 Jahren pöbelt man ihn auf der Straße wieder an. Er war früher Ingenieur und musste sich hier etwas Neues suchen. Nur deshalb ist er Gemüsehändler geworden; oder der iranische Taxifahrer in Köln, der mich zum Bahnhof fuhr: Er war einst ein Physiker.

In solchen Augenblicken fühle ich Trauer, weil ich dem Mann nicht helfen kann. Und Beschwichtigungen können Einsamkeit und Trauer sogar noch verstärken.

## Sehnsucht und Verwurzelung

Die Sehnsucht nach der Ursprungsheimat behindert den Exilanten nicht nur daran, Wurzeln in der neuen Heimat zu schlagen, sondern sie minimalisiert seinen Genuss der Freiheit und anderer realen Schönheiten seines Lebens im Exil durch die Illusionen einer Idylle der ursprünglichen Heimat, die seine Sehnsucht ihm vorgaukelt.

Homer hat es bereits vor mehr als 2700 Jahren thematisiert. Er lässt Odysseus im neunten Gesang von der Idylle schwärmen: »... und ich kann für mein Teil wahrlich sonst nichts Süßeres als das eigene Land sehn.« Odysseus schildert die Verführungen der herrlichen Nymphe Kalypso, die ihn zum Gatten wünscht, und auch die listige, umwerfende Kirke (lateinisch Circe, wovon sich das Verb bezirzen, verführen, ableitet) scheitert an Odysseus' Liebe zu seiner Heimat. Er verlässt sie, denn: »Ist doch nichts so süß wie das Vaterland und die Eltern.« Odysseus wird jedoch ernüchtert angesichts der Realität in seiner Heimat, auf der Insel Ithaka.

So erging es allen Emigranten und Exilanten, die ich erlebt oder deren Geschichte ich gelesen habe. Große Sehnsucht in der Fremde und herbe Enttäuschung bei der Rückkehr. Manche waren vom Wandern müde und nahmen die Enttäuschung hin, andere verließen die Ursprungsheimat wieder.

## Vertreibung aus dem Paradies

Das Exilieren ist die älteste Erfindung der Welt. Adam und Eva wurden aus politisch-kulturellen Gründen aus dem Paradies hinausgeschmissen. Sie hatten sich verbotenes Wissen erworben, was den Herrscher aller Welten ärgerte. Sie mussten sich ab da von ihrer Hände Arbeit ernähren. Genialer kann kein Erzähler die Wandlung vom Affen zum Menschen darstellen.

Exil war allen Völkern vertraut, den alten Ägyptern, Assyrern, Juden, Aramäern, Griechen und Römern. Wir kennen oft die Gründe der Vertreibung nicht. So ist bis heute nicht klar, warum der berühmteste Exildichter der Römer, Ovid, ans Schwarze Meer exiliert wurde. Auch die moderne Zivilisation schaffte weder die Ursachen des Exils noch die Missachtung des simplen Menschenrechts auf Sicherheit und Unversehrtheit ab. Ganz im Gegenteil, das 20. Jahrhundert zeichnet sich durch das Exil ganzer Volksgruppen aus.

Oft aber werden die Begriffe Migrant, Geflüchteter oder Exilant durcheinandergebracht. Flucht ist in der Regel von kurzer Dauer, Exil und Emigration dagegen können lebenslang andauern.

Es gibt wiederum einen Unterschied zwischen Asyl, Exil und Emigration. Das Asyl ist ein vorübergehendes Stadium, das langfristig verschwindet, entweder durch eine mögliche Rückkehr, oder es geht durch eine langsame Metamorphose in eine Emigration oder ein Exil über.

Ein exilierter Mensch kann im Gegensatz zum Emigranten nicht in seine Heimat zurückkehren, wenn er möchte. Gefängnis und manchmal sogar der sichere Tod warten dort auf ihn. Es gibt aber auch selbstexilierte Autoren wie James Joyce, Samuel Beckett oder Gabriel García Márquez, die sich wie Emigranten in der neuen Heimat so wohlfühlten, dass sie nicht mehr zurückkehren wollten.

Es gibt unter emigrierten Autoren und Autorinnen Fälle, in denen beide Literaturen in einer Person verkörpert werden. Dabei handelt es sich nicht um eine pendelnde Identität, sondern um eine vielschichtige Persönlichkeit.

In der Exilliteratur, die in Deutschland entsteht, unterscheide ich zwischen zwei Varianten: zum einen die Literatur, die in deutscher Sprache geschrieben wird, wie meine, und zum anderen die Literatur, die in der Mutter- oder Ursprungslandsprache des Exilanten produziert wird, wie die wunderbaren Geschichten meines chilenischen Kollegen Antonio Skarmeta. Er hat während der Pinochet-Diktatur in Berlin gelebt und weiterhin auf Spanisch geschrieben. Also gehört seine Literatur zu der spanischsprachigen und meine zu der deutschsprachigen Exilliteratur.

Somit bestimmt die Sprache und nicht der Herkunftsort die Zugehörigkeit einer Exilliteratur. Die Übersetzungen meiner Bücher, die nun nach und nach auf Arabisch erscheinen, können als arabische Exilliteratur bezeichnet werden.

# Eine nicht anerkannte Heilige

Eine Frau, die es an der Seite eines Exilanten länger als sieben Jahre aushält, ist eine Art moderne Heilige. Die katholische Kirche hatte noch nie Sinn für Modernität, deshalb erkennt sie diese Heiligen nicht an. Obwohl sie täglich Wunder vollbringen.

Eine Heilige dieser Art beschäftigt sich mit etwas, das nur wenige beherrschen, nämlich, sich mit dem filigranen politischen, ethnischen, religiösen und kulturellen Hintergrund ihres Partners immer aufs Neue vertraut zu machen. Sie darf nie einen Kurden mit türkischem Pass einen Türken nennen oder einen Kurden aus Syrien oder dem Irak einen Araber. Und nie darf sie Drusen mit Ismailiten und Aramäer mit Armeniern oder Schiiten mit Sunniten verwechseln. Sie muss sich mit archaischen Sitten auskennen und darf nicht in Ohnmacht fallen, wenn ihr Partner, bis dato linksradikal, plötzlich reaktionären Sippen und Sitten anhängt. Jede weniger heilige Frau wäre längst über alle Berge, sie aber bleibt an seiner Seite und fängt im besten Falle an zu diskutieren. Welch ein Wunder!

Sie hat sich für einen Partner entschieden, der alles andere als normal ist. Er ist ein gequälter, manchmal durch Gefängnis, Folter oder Exil verletzter Mensch, dessen Narben beim geringsten Anlass wieder bluten, der überempfindlich reagiert und manchmal humorlos wird, dessen Sehnsucht nach seinen Kindheitsorten umso größer wird, je älter er ist, und das kann kindische Formen annehmen. Sie lernt, Ruhe zu bewahren und weise darauf zu warten, dass sich der Vulkan wieder beruhigt, denn sie weiß, danach ist ihr Partner wieder bereit, das Positive seiner Lage zu sehen.

Trotz dieser Belastung lacht sie. Ist das nicht ein Wunder?

Jedenfalls ist so eine Frau heiliger als der große Diplomat Papst Johannes Paul II., für dessen Seligsprechung im Turbo-Schnellverfahren die Aussage einer senilen Nonne namens Marie Simon-Pierre reichte, die behauptete, Papst Johannes Paul II. sei ihr im Traum erschienen und habe ihr gesagt, sie würde geheilt, und siehe da, sie wurde geheilt! Fragt sich nur wie lange!

# Heimweh

Jeder Exilant hofft, dass sein Exil nur kurz, längstens ein paar Jahre dauern wird. Er sitzt quasi auf einem gepackten Koffer, manchmal während der ganzen Exilzeit. Manchmal verhindert das seine aktive Teilnahme am gesellschaftlichen Leben in seinem Gastland.

All das verstärkt seine Sehnsucht nach einer vergangenen oder oft auch nur eingebildeten Geborgenheit im Geburtsort. Das Gefühl verstärkt sich sogar, wenn er eine eigene Familie gründet, denn die Kinder eines Exilanten sind Einheimische, die sich mit ihren Gleichaltrigen identifizieren. Mit zunehmendem Alter und damit einhergehender Abnabelung und Distanz hören sie sich manchmal aus Mitleid an, wie der Vater von einer Heimat schwärmt, die sie nicht kennen. Und je älter ein Exilant wird, umso mehr romantisiert er seine Kindheit. Nicht selten wird er dabei zu einem Nationalisten.

Der große Gelehrte Al Dschahiz (776 – 869 n. Chr.) erzählt in seinem Buch (*Al Hanin ila Awtan,* Die Sehnsucht nach Heimat), dass Beduinen, wenn sie auswandern, immer eine Handvoll Sand oder Erde mitnehmen, um daran zu riechen, wenn es ihnen nicht gut geht.

Schon die alten Ägypter berichteten über das Elend in der Fremde und die Freude über die Rückkehr in die Heimat. Exil ist seit der Vertreibung Evas und Adams aus dem Paradies in allen monotheistischen Religionen präsent.

Aber das deutsche Wort »Heimweh« verdanken wir den Schweizern. Die jungen armen Schweizer waren schon immer berühmt für ihre Opferbereitschaft und ihren Todesmut und deshalb sehr beliebt als Söldner. Ihre bittere Armut zwang sie, jedes Angebot anzunehmen, und so kämpften sie in den unterschiedlichsten europäischen Truppen, manchmal kämpften zwei verwandte Schweizer sogar in feindlichen Armeen gegeneinander. Die päpstliche Schweizergarde (Guardia Svizzera Pontificia) ist ein Relikt aus jener Zeit. Papst Julius II. ließ sie 1506 aufstellen. So tapfer sie auch waren, sie litten bald alle an einer seltsamen Krankheit, die sich durch nicht genau lokalisierbare körperliche Beschwerden äußerte. Herzrasen, Appetitlosigkeit, Schlafstörungen und andere Qualen suchten die armen Soldaten heim. In diesem Zustand sprachen sie voller Liebe von ihrem wunderschönen Heimatland. Man sah sich bald gezwungen, die diversen Symptome einer Krankheit zuzuschreiben, die bereits Pellegrini im Jahre 1766 als eigenständige Krankheit ausmachte und die er »Heimweh« nannte.

Und in der Tat, sobald die Soldaten in ihre Dörfer und Städte in der Schweiz zurückkehrten, wurden sie gesund. Diese Erkrankung in der Fremde war in vielen Ländern als ureigene schweizerische Eigenschaft bekannt.

»Heimweh« – das steht im Brockhaus – »ist die melancholische Sehnsucht nach der Heimat und den heimatlichen Verhältnissen. Das Wort Heimweh stammt aus der Schweiz (1569). Es blieb bis 1800 ein nicht schriftfähiges Wort. Die medizinische Lehnübersetzung lautet seit dem 17. Jahrhundert ›Nostalgie‹ (sonst ›Schweizerkrankheit‹).« Und Nostalgie kommt aus dem Griechischen, *nóstos* heißt Heimkehr und *álgos* Schmerz.

So viel über die Schmerzen der Schweizer in der Fremde. Oder waren es Syrer?

## Seltsame Exilauswüchse

Exil ist eine seltsame Erfahrung. Man kann Exil weder mit einem touristischen noch mit einem begrenzten beruflichen oder einem Asylaufenthalt vergleichen. In diesen Fällen ist das Zeitlimit ein sicherer Anker. Exil ist im Bewusstsein ein nicht erfülltes Versprechen auf die Rückkehr ins Paradies, in eine befreite Heimat. Real drückt sich das Exil durch plötzliche Nacktheit aus. Sie tritt genaugenommen nur im Falle eines bestimmten Zustands in der Fremde auf, den ich »Ausgeliefertsein« nennen möchte.

Nehmen wir als Beispiel einen Syrer, einen kulturell bewanderten, seiner Zivilisation bewussten Menschen. Überstürzt muss er sein Land verlassen. Er hat wenig oder gar kein Geld und ist dazu der Sprache des Gastlandes nicht mächtig. Er steht nach wenigen Flugstunden in einer völlig anderen Welt, die ihn nicht kennt und die seine Zivilisation nicht anerkennt. Plötzlich fühlt er eine ihm bisher unbekannte Art der Vereinsamung, eine Nacktheit durch Entwurzelung. Hilft ihm sein Wissen? Leider nicht.

Es gibt sogar Erfahrungen, die zeigen, dass ein wenig gebildeter Mensch mit der plötzlichen Nacktheit besser umgehen kann als der Intellektuelle, denn das Wissen um die Tiefe der Misere und das Ausmaß der Einsamkeit in der Fremde kann niederschmetternd sein.

Es ist bitter, plötzlich zu merken, dass die gerade noch galant singende, wohlklingende Stimme versagt, und dass man sich nun mit den primitivsten Fragen des Lebens beschäftigen muss, mit denen man sich wahrscheinlich nie beschäftigt hat. Das hat mit dem Land der Ankunft nichts zu tun. Es wird durch die objektive Bedingung der Fremde erzeugt. Begreifen zu lernen, dass man seine Menschlichkeit auch dann nicht einbüßt, wenn man für längere Zeit ausschließlich mit dem Überleben beschäftigt ist, fällt schwer.

Die Anfangszeit ist hart. Nicht nur ist die neue Umgebung völlig anders als die ursprüngliche Heimat, so findet etwa das Leben im Süden zum größten Teil außerhalb des Hauses statt, während das Leben im Norden, klimatisch bedingt, sich innerhalb der »eigenen vier Wände« abspielt. Auch die Sitten und Gebräuche erscheinen dem Fremden völlig ungewohnt, etwa Besuche oder Beerdigungen.

Auch wenn der erwähnte Syrer brav und fleißig die Sprache des Gastlandes lernt, ist er gezwungen, große Themen, die ihn bewegen, in eine unbeholfene Kindersprache zu packen, ohne Tiefe, ohne Nuancen. Ich werde diese ersten zwei Jahre nie vergessen, in denen sich meine unausgesprochenen Gedanken auf der Zunge und im Hals stauten.

Wenn ein Exilant es versteht, durch den Verlust der Heimat zum Weltbürger zu werden und dies den Menschen im Gastland vorleben kann, dann hat sein Verlust ihn und die Menschen im Gastland reich beschenkt.

Leider kann das Exil, wenn es zu lange andauert, zu einer weiteren Entfremdung vom Ursprungs- und vom Gastland führen. Ich habe bei manch einem langjährigen Freund im Exil eine solche seltsame Entwicklung beobachtet. Das mag dazu führen, eine dreißigjährige Freundschaft aufzugeben, oder auch dazu, das Gespräch darüber zu vermeiden, und auch das wiederum bleibt nicht ohne Folgen für die Freundschaft. Die Besuche werden kürzer und seltener.

Aus der Sehnsucht nach den Kindheitsorten entsteht eine Art lächerlicher Nationalismus. Von genau der Art, die fast jeder Exilant vor seiner Ausreise abgelehnt hatte. Das bringt eine schleichende Entfremdung zur sozialen Umgebung mit sich, die nicht versteht, warum das Herkunftsland besser sein soll als das Gastland, das dem Exilanten Schutz, Freiheit und ein würdiges Leben bietet.

Aber eine noch heftigere Entfremdung schiebt sich zwischen den Exilanten und die anderen, nämlich das Verhältnis zur Diktatur, die im Fall Syrien für viele der Grund des Exils ist. Merkwürdigerweise befällt diese Krankheit nur Männer. Drei alte syrische Exilanten verwandelten ihre Feindseligkeit gegenüber der Diktatur in Feindseligkeit gegenüber der Opposition. Ob man es glaubt oder nicht, sie sind heute Anhänger des Regimes, das sie vertrieben hat und halten die Gegner für Agenten einer weltweiten zionistischen Verschwörung gegen den revolutionären Herrscher.

»Eine Freundschaft«, sagte mein weiser Großvater, »ist wie eine Pflanze, sie wächst und gedeiht, erkrankt und erholt sich. Sie trägt manchmal wunderbare Früchte, aber auch ohne diese kann sie mit ihren Farben und Düften das Leben bereichern. Aber sie stirbt auch. Sollte sich der Tod eine Freundschaft rauben, nimm dir das nicht zu Herzen, sondern nimm es nur zur Kenntnis.«

Das tue ich gerade.

# Ernsthaftigkeit

Das Erste, was meine Besucher aus Damaskus bemängeln, ist nicht meine Küche, denn ich bin seit 45 Jahren im Nebenberuf gerne Koch, für meine Familie, für Freundinnen und Freunde. Und abgesehen von einigen wenigen Ausnahmen kann man heute alle Zutaten der arabischen Küche in Deutschland finden. Die Jahre im deutschen Exil haben mir auch nicht die Freude daran nehmen können, Gäste zu empfangen und mit ihnen die Zeit und das Gespräch zu genießen. Nein, auch heute ist der Gast bei mir nicht ein König, sondern ein Heiliger, den man hegt und pflegt, damit er beim Abschied dem Haus seinen Segen gibt.

Was aber meine Besucher aus Damaskus bemängeln, ist mein verkümmerter Humor. Alle, ob Christen oder Muslime, ferne oder nahe Bekannte und Verwandte, klagen über meinen Ernst. Ich sei für sie ein Deutscher geworden. Und da mein Gedächtnis gut ist, muss ich den Leuten Recht geben. In Damaskus habe ich viel mehr gelacht und leichter gelebt. Ich war ständig in Gefahr und dennoch habe ich gelacht. Übrigens tun das auch meine Geschwister Marie, Therese und Mtanios (Antonios) in Damaskus, wenn ich sie anrufe.

Mir ging es damals in der Seele so gut und schlecht wie heute. Materiell litt ich damals keine Armut, aber ich bin heute abgesicherter. Warum und woher also diese Ernsthaftigkeit? Das lässt sich nur zum Teil mit dem Älterwerden erklären. Es muss mit dem Land zusammenhängen, in dem ich lebe, und mit seiner Gesellschaft. Warum sind die Deutschen immer unzufrieden? Ich habe seit meiner Ankunft nie eine Neujahrsansprache eines Bundeskanzlers oder einer Bundeskanzlerin gehört, der oder die lächelnd sagt, dass es dem Land und uns sehr gut geht. Warum eigentlich nicht? Macht die Zivilisation unempfindlich gegenüber Lust, Genuss und Freude? Fühlt man Zufriedenheit und geizt damit, sie zu zeigen? Aus Gewissensbissen?

Mit einem Glas Tee, ein paar Erdnüssen und Gesprächen verbrachten wir ganze Nachmittage und philosophierten, erzählten Witze, berieten einander, erzählten ganze Romane oder Filme und waren erfüllt von der Überzeugung, dass wir die Zeit wunderbar verbracht hatten. Bekomme ich heute ein perfekt gedrucktes, geschmackvoll gestaltetes Buch von mir, schlage ich es auf und finde sofort einen Druckfehler. Höre ich eine Nachricht über den Erfolg dieses Buches, ertappe ich mich schon kurz darauf, dass ich auf die erste böse Überraschung warte.

Die Lust am Leben, an der Politik, am Lesen, am Zuhören ist verpönt. Warum ausgerechnet da, wo sie möglich ist?

Und ich sage mir fast jeden Tag: Etwas Damaszener Gelassenheit würde mir nicht schaden. Doch schon regnet es lautlos E-Mails oder klingelt mich das Telefon in eine schlechte Laune hinein. Es kann sein, dass wir durch unser produktives Leben den Kummer, den wir früher an drei Tagen erlebt haben, heute an einem einzigen Tag verkraften müssen. Ist das der Grund, weshalb das Blödeln in diesem Land boomt wie nie zuvor, und je niveauloser ein Comedian, umso größer die Hallen, die er füllt. Und über was alles sich die Leute krummlachen!

Die Technik verspricht uns noch größere Produktivität. Um das zu überleben, braucht man enorm viel Humor.

*Eine visuelle Pause ...*

*Champollion, Jean François; französischer Ägyptologe (entzifferte die Hieroglyphen); 1790–1832. Sein Denkmal steht im Vorhof des Collège de France in Paris. Die Marmorskulptur wurde 1875 von Frédéric Auguste Bartholdi (1834–1904) geschaffen. Sie zeigt den Ägyptologen in ernst nachdenklicher Pose mit dem Fuß auf dem Kopf eines ägyptischen Herrschers.*

*Benozzo Gozzoli, Triumph des Hl. Thomas von Aquin über Ibn Ruschd, den die Europäer Averroës nennen. (1468-84; Musée du Louvre; Ausschnitt). Thomas sitzt zwischen Aristoteles und Platon, vor ihm liegt niedergeworfen der große Philosoph und Mediziner Ibn Ruschd. Und das überrascht sehr, da Thomas von Aquin und Ibn Ruschd gleichermaßen große Verehrer des Aristoteles waren.*

## Zwei Bilder und die eine Frage

Diese Maler und Bildhauer waren die Populisten ihrer Zeit. Sie machten mit Bildern für Analphabeten und mit Denkmälern für Passanten Propaganda gegen fremde Kulturen so wie mancher Möchtegern-Intellektuelle unserer Zeit es mit Worten tut.

Warum fühlen sich diese Herren nur dann groß, wenn sie sich die Größen des Orients zu Füßen legen?

## Die Todesmasken

Exil ist ein Seiltanz ohne Sicherungsnetz. Man kann eine wunderbare philosophische, literarische, ökonomische und revolutionäre Akrobatik vorführen, aber der Tod lauert hinter jedem noch so kleinen Fehltritt. Der Tod trägt viele Masken. Er kann physisch das irdische Exil beenden, aber es gibt andere Todesarten: der soziale oder ökonomische Ruin, das absolute Scheitern aller Hoffnungen, ohne die das Leben zu einem bloßen Vegetieren wird.

Was mich beim Anblick mancher Zeitgenossen beschäftigt, ist eine andere üble Todesart, bei der die Leichen laut und schrill agieren, um sich lebendig zu geben und ihre korrumpierte Seele zu tarnen. Seit Ausbruch des syrischen Aufstands 2011 beobachte ich diese Korruption der Seele leider auch bei bekannten syrischen Oppositionellen. Viele von ihnen waren meine Freunde auf dem langen Weg im Kampf gegen die Diktatur.

Sie haben jahrzehntelang im Gefängnis gesessen und der Folter und Einzelhaft heldenhaft Widerstand geleistet. Sie blieben ihrer Überzeugung treu. Sie und ihre Familien mussten Armut, Demütigung und soziales Elend ertragen. Trotzdem blieben sie standhaft. Und nun gelangten sie ins Exil, erst nach Istanbul und dann nach Paris, London, Berlin oder Stockholm. Und siehe da, was die Assad-Schergen nicht zustande zu bringen vermochten, brachten der Konsum und die Befriedigung der Eitelkeit. Fünf-Sterne-Hotels, Empfänge durch europäische Politiker (Empfänge, die sich am Ende als ein schlecht eingeübtes Schauspiel entpuppten und dem syrischen Volk nichts brachten), dicke Gehälter samt Mitarbeitern und Personenschutz, die von den schlimmsten Regimen der arabischen Länder wie Saudi-Arabien oder Katar finanziert werden. Plötzlich geht dieser einst leise und ausgemergelte Oppositionelle breitbeinig durchs Leben, entfernt jeden aus seiner Umgebung, der die Herren am Golf stört, oder zensiert und verbietet Artikel, die er vor seiner Flucht selbst hätte schreiben können. Manch einer ist bei seinen Auftritten so sehr zu einer Karikatur verkommen, dass er nicht Kritik verdient, sondern Mitleid.

Ein entscheidendes Erlebnis für mich war ein Fernsehbericht über ein Treffen der syrischen Opposition mit Hillary Clinton in Genf im Dezember 2011. Sie war damals noch US-Außenministerin. In der syrischen Delegation waren zwei mir bekannte ehemalige Kommunisten, deren frühere Erscheinung sich durch schlechte Laune, unglaublichen Hass gegen die USA, Stalins starren Blick und Wortkargheit charakterisieren ließ. Bei diesem Treffen glühten sie sichtlich vor kindlicher Freude über diese »Aufwertung«. Sie wurden geradezu sentimental gegenüber der eiskalten Hillary und konnten sie gar nicht genug angrinsen und sich ihr untertänig anbiedern. Es war eine Szene wie aus früheren Zeiten: Hofnarren bemühen sich, eine schlecht gelaunte Königin zum Lachen zu bringen.

In diesem Augenblick übermannte mich das Gefühl, dass diese nur durch die Gnade der Ölscheichs lebende offizielle Opposition hoffnungslos korrupt ist. Es sind manchmal kleine Gesten, die Verborgenes verraten. Die Jahre nach diesem Treffen mit Frau Clinton bestätigten meine Vorahnung.

## Satire der Minderheiten

Satire lebt von der Distanz zum Objekt ihrer Kritik. Die Distanz eines Satirikers der Minderheit zu seinem Objekt ist nicht konstant. Sie hängt davon ab, welche Person oder Gruppe der Satiriker bloßstellt. Niemals aber ist die Distanz so groß, dass sich der Satiriker einer durch die Entfernung bedingten Objektivität verpflichtet fühlt.

Nicht selten sind einige seiner eigenen Unzulänglichkeiten Gegenstand seines Spotts. Aber er ist seiner Minderheit und ihren Rechten verbunden, parteiisch und intolerant gegenüber der Intoleranz der Mehrheit. Eine tolerante Satire ist eine schlechte Sonntagspredigt.

Nun, die Distanz zwischen dem Satiriker der Minderheit und der Mehrheit der Bevölkerung ist von vorneherein gegeben. Ob er nun in eine Minderheit geboren wurde oder durch Emigration in sie hineingeraten ist, er erfährt im täglichen Umgang mit der Mehrheit seine Grenzen. Es sind politisch-rechtliche sowie kulturelle Grenzen, die ihn von der Mehrheit trennen. Diese reale Trennung ist die Ursache der Distanz, die den Zugang zur Satire erleichtert. Ein Angehöriger der Mehrheit muss sich zum »gekränkten Idealisten« (Tucholsky) hocharbeiten, um Satire schreiben zu können. Der Satiriker der Minderheit braucht nur einen nüchternen Blick, um das Gehabe und den Trott der Mehrheit zu entlarven und dem Spott preiszugeben.

Das oben Gesagte lässt den Eindruck entstehen, dass es für die Autoren der Minderheit leicht sei, Satire zu schreiben. Aber dieser Eindruck täuscht. Keine andere Schreibkunst hängt so sehr von der Wahrnehmung der Leser ab wie die Satire, und hier fängt das Problem an. Eine klassische Faustregel der Satire lautet, je konzentrierter der Angriff auf *einen* Gegner ist, umso mehr Lacher hat der Satiriker auf seiner Seite. Die Satire der Minderheit richtet sich aber nicht gegen einen einzelnen Gegner, sondern gegen *den* Trott der Mehrheit. Es ist eine objektive Schwierigkeit, mit der unsere Satiriker fertigwerden müssen. Ein Satiriker der Mehrheit hat es leichter. Es genügt, mit dem Namen eines Politikers zu spielen, seinem Körperumfang, mit seinen Sprach- und Denkfehlern und so die Lacher auf seine Seite zu bringen. Inkompetenz und Bürokratie in Berlin füllen Seite um Seite einer Bildzeitung und sind ein willkommenes Fressen für gute und schlechte Satiriker der Mehrheit. Die Satiriker der Minderheit haben dagegen einen äußerst schwierigen Ausgangspunkt. Sie haben es schlicht mit dem alltäglichen Verhalten der Mehrheit zu tun. Sie klagen repressive Zustände an, die in den Augen der Mehrheit Ordnung, Recht, Patriotismus, Freiheit oder gar Gleichberechtigung heißen.

Der Mehrheit wissenschaftlich zu erklären, dass die Kameltreiberei eine feine Kunst ist, die nur wenige beherrschen, ist Zeitverschwendung. Darüber eine Satire zu schreiben ist schwer, aber zugleich die höchste Kunst der literarischen List. Das ist ja gerade die Domäne der Satire, listig und mit einem Lächeln auf den Lippen bloßzustellen. Die Satire stellt allerdings nicht die Menschen bloß, sondern ihre Dummheit.

Der Satiriker der Minderheit erklärt in dem Augenblick, in dem er zur Satire greift, dass er nicht aufgegeben hat. Seine Entrechtung durch die Herrschenden und die Ignoranz der Mehrheit haben ihn zu Boden geworfen, aber er versucht, den Sieger lächerlich zu machen, um wenigstens einige unter den jubelnden und verdrängenden Zuschauern von seiner unbesiegbaren Menschlichkeit zu überzeugen. Ihm stehen die Mittel der Rhetorik und vor allem eine Lupe zur Verfügung. Eine satirische Lupe ist niemals eine für Uhrmacher. Sie vergrößert zwar einige Bereiche, aber fokussiert andere bis zur Kenntlichkeit, um so zum Kern der Wirklichkeit vorzudringen und das verdeckte Unrecht herauszustellen. Sie lässt die hochgeschätzten Werte der Pünktlichkeit, der Sauberkeit und des Wohlstandes in den Hintergrund treten und lenkt den Blick hartnäckig auf das geschehene Unrecht gegen die Minderheit. Sie übertreibt und verfremdet, ja sie lebt davon.

### Die Themen der Minderheitssatire

1. Das repressive Umfeld (Behörden und Beamte in Deutschland und im Ursprungsland), Hausbesitzer, Vorgesetzte et cetera.
2. Das freundliche Umfeld (Freunde, Kollegen, Nachbarn, freundliche Institutionen ...). Nicht selten schlummert hier eine latente Fremdenfeindlichkeit, die die Offensive der Fremdenhasser ermöglicht.
3. Die Bemühungen der Fremden, sich anzupassen. Hier findet man die Mehrheit der Satiriker der zweiten und dritten Generation.

Schwieriger wird es, wenn der Satiriker Unzulänglichkeiten der Angehörigen der Minderheiten kritisiert. Viel zu oft bekommt er von Freund und Feind falsche Kritik und falsches Lob. Falsche Kritik der Freunde deshalb, weil sie sich und nicht ihre Dummheit bloßgestellt sehen, und falsches Lob, weil mancher Angehörige der Mehrheit sich durch eine derartige Satire in seinen Vorurteilen bestätigt sieht. Sicher verursachen der Druck der Mehrheit und die entrechtete Randlage in der Gesellschaft auch eine Art von Selbsthass, da die eigene Ohnmacht immer spürbar ist und nicht geliebt werden kann.

Es gibt keine eiserne und sichere Regel. Nur der Standpunkt des Autors kann endgültige Klarheit darüber schaffen, ob Freund oder Feind recht oder unrecht haben. Um hier wieder den legendären Satiriker zu Rate zu ziehen: Tucholsky sagte in seinem pädagogischen Artikel »Was darf Satire?«, sie dürfe alles, aber mit keinem Wort erwähnte er, dass sie *zweideutig* sein dürfe. Dass die *Eindeutigkeit* der Satire oder genauer gesagt, der Haltung und des Standpunktes ihres Autors selbstverständlich ist, davon ging Tucholsky aus, und musste es deshalb nicht erwähnen. Er selbst zahlte für seine eindeutige Haltung einen hohen Preis: Exil und Tod.

### Listig, aber doch väterlich

Beim Durchlesen von Satiren und den satirischen Elementen in der Literatur von Exilautoren fällt mir nicht nur die List auf, mit der sie ihre überlegenen Gegner besiegen oder zumindest lächerlich machen, sondern vielmehr der väterliche Ton als Spezifikum. Es ist eine väterliche Kritik an einem übereifrigen Sohn. Der väterliche Ton, der schroff und scharf, aber selten hasserfüllt ist, hat einen realen Grund. Die Angehörigen der Minderheit in der Bundesrepublik entstammen alten Kulturen, vergleicht man sie mit der verhältnismäßig jungen deutschen Kultur. Einen Vater-Sohn-Konflikt daraus abzulesen, wäre eine verfälschende Vereinfachung. Aber dieses Element ist allgegenwärtig vor allem, wo die Satire in Ironie umschlägt, wo der Satiriker wie zu einem Sohn spricht, der Überstunden macht, um die Erde mit VWs zu füllen und im Urlaub von Land zu Land zu hetzen, der aber nicht weiß, dass er in seinem eigenen Land, ja im Nachbarhaus auf lebendige und anregende Kulturen treffen könnte.

# Die Gastfreundschaft

*Eine Bildsequenz mit zehn kleinen Mosaiksteinen*

I.

Es ist ein verbreiteter Irrtum, dass Araber temperamentvoll wären. Ich vermute, Araber sagen sich, lieber ein schöner falscher als ein richtiger, aber nicht sonderlich attraktiver Ruf. Wer in der Wüste lebt, wer jahrtausendelang so viel Unrecht erduldet und Hunger und Durst überlebt hat, ist niemals temperamentvoll, sondern eher zurückhaltend und kühl, um die Dauerkrisen zu überleben.

Die Wüste erlaubt also kein übertriebenes Temperament. Nicht nur das. Vieles, was die Araber und ihre Kultur prägt, wurde von der Wüste verursacht. Sippe, Loyalität, wenig Neigung zur darstellenden Kunst, dafür eine große zum Wortklang und vor allem zur Gastfreundschaft.

Die unendliche Weite, der äußerst langsame Farbwechsel, die tiefe, fast hörbare Stille ließen den Hang zur Malerei auch schon vor dem Islam verkümmern und gaben stattdessen der Zunge jene Zauberkraft, die den Arabern weltweit ihren Ruhm als Erzähler einbrachte.

II.

Die Wüste nimmt alle Menschen auf, lässt sie aber keine Wurzeln schlagen. Das heißt, der Nomade bleibt überall fremd. Bodenbesitz hat in der Wüste keine Bedeutung.

## III.

Die Begegnung zweier Menschen in der Wüste durchläuft drei Phasen: Furcht vor dem Fremden, Gastfreundschaft, Trennung. Ist die Furcht vor dem Fremden begründet, so kommt es zum Kampf, ist sie unbegründet, so besteht die Gastfreundschaft in einer Gabe. Der über Lebensmittel Verfügende (in der Regel der Nomade, der mit seiner Sippe in der Gegend seine Zelte aufgeschlagen hat) bewirtet den Bedürftigen, einen aus unterschiedlichen Gründen Reisenden. Die Bewirtung ist eine dringende Notwendigkeit, die weder vom Stand des Bewirteten noch vom Nutzen des Bewirtenden abhängt. Man kann es zugespitzt so formulieren: Die Bewirtung ist nicht einmal persönlich gemeint, sondern eine Maßnahme gegen die Lebensfeindlichkeit der Wüste.

Der Gastgeber bewirtet den Fremden, weil er sich selbst in ihm sieht. Diese Sicht ist bei Städtern getrübt oder völlig verschwunden. Der Nomade weiß von Kind auf, dass er nur durch Zufall heute der Gebende ist, dass er vielleicht bereits morgen von einem Sandsturm zum durstigen Fremden verwandelt wird.

## IV.

Die Moral der arabischen Nomaden verbot es, dem Fremden in den ersten drei Tagen Fragen nach dem Woher und Wohin zu stellen, damit dieser zu Kräften kommen konnte. Diese ungeheuer sensible Einsicht hat einen Namen: das Gastrecht. Erst danach muss man Genaues wissen: woher der Fremde kommt, warum er verlassen und verloren ist und wohin sein Weg führt. Der Fremde genießt den Schutz der Gastgeber, aber er muss alles offenlegen. Er gefährdet die Gastgeber, wenn er ein Verbrechen verschweigt und seine Häscher ihn mit Gewalt aus dem geschützten Raum der Gastgeber holen.

Sollte er länger bleiben, muss er arbeiten, um seinen Lebensunterhalt zu verdienen.

Eine Gesellschaft, die unter härtesten Bedingungen überleben will, muss stets darauf achten, dass Geben und Nehmen im Gleichgewicht bleiben, sonst ist sie dem Untergang geweiht.

## V.

Der Fremde seinerseits durchlief eine seltsame Verwandlung, die ihn zwar in der Wüste überleben ließ, ihn aber innerhalb kurzer Zeit von einem feindlichen Fremden zum Prinzen und am Ende zu einem Heiligen und Schützling, genauer gesagt zu einem vornehmen Gefangenen machte. Er war nicht mehr Herr seiner Entscheidungen. Der Gastgeber war berechtigt und verpflichtet zugleich, das Leben seines Gastes zu verteidigen. Das wussten die Verfolger zu allen Zeiten, und abgesehen von verachtenswerten Ausnahmen hielten sie sich auch alle daran. Dafür hatte der Schützling nichts zu melden, nichts zu wünschen und keine eigene Meinung, geschweige denn Kritik zu äußern. Auch Liebe und Zuneigung zu einer Person aus dem Umfeld seines Gastgebers waren strikt verboten. Eine Liebesbeziehung zwischen einem Fremden und einer Angehörigen der Sippe galt als Verrat, als Missbrauch des Gastrechts.

## VI.

Die Araber der Wüste identifizierten sich mit dem Fremden so weit, dass manche Stämme die ganze Nacht das Feuer besonders stark lodern ließen, damit der Schein dem irrenden Fremden den Weg zeigte, und wenn es stürmte, banden sie ihre Hunde draußen vor dem Zelt an, damit ihr Bellen dem Fremden in der Dunkelheit Orientierung bot.

VII.

Geiz galt bei den Arabern als entwürdigend, feige, als lust- und lebensfeindlich, weil Geiz das Überleben verhindert. Geiz heißt, den Fremden ihr Recht auf Gastfreundschaft vorzuenthalten. Bücher über Bücher sind gefüllt mit dem Tadel gegen die Geizigen.

VIII.

Gastfreundschaft aber ist nicht angeboren. Das wissen die Araber und erziehen ihre Kinder deshalb von klein auf zur Liebe und Achtung gegenüber Gästen. Die Erziehung der Kinder zur Gastfreundschaft ist an sich nicht schwer, weil die Kinder in den arabischen Ländern das Handeln und die Haltung ihrer Eltern gegenüber Gästen miterleben und vor allem weil sie wissen, da wird feierlich gegessen.

»Der Gast ist ein Heiliger«, sagte meine Mutter, »wenn er sich bei dir wohlfühlt, segnet er dein Haus.« Wir waren Kinder und unerfahren. »Und was ist, wenn er ein Teufel ist?«, fragten wir naiv und vorwitzig. »Dann vergisst er die Stunden bei euch nicht, denn der Teufel hat ein gutes Gedächtnis, und wenn ihr bei ihm landet, schont er euch ein bisschen«, antwortete meine Mutter weise. Doch auch der Gastgeber bekommt durch jeden Besucher eine Belohnung: die Befriedigung seiner Sehnsucht nach neuen Geschichten, nach einem Gespräch.

Das Gespräch befruchtet den Geist, schärft die Vernunft, vergnügt das Herz und vertreibt die Trauer der Seele. Reisende in der Wüste waren immer Träger von Nachrichten aus anderen Zeiten und Orten. Damit bereicherten sie das Leben ihrer Gastgeber.

## IX.

Doch die Gastfreundschaft hat, das zeigt die Erfahrung, ihre Grenze dort, wo ein vernünftig begründeter Akt zu verschwenderischer Angeberei mutiert.

Gastfreundschaft kann sicherlich üppige Dimensionen haben, aber schon ein Schluck Wasser an einem trockenen heißen Ort, ein lachendes Gesicht in einer traurigen Zeit ist Gastfreundschaft.

## X.

Ein guter Ruf und die Wahrung des Gesichts stehen bei den Arabern ganz oben auf der Werteskala. Das Gesicht zu wahren aber verursacht Stress und dezimiert die Freude an der Gastfreundschaft.

Weder Freundlichkeit noch Großzügigkeit können veralten, aber manche Seite der Gastfreundschaft wirkt heute überkommen und anachronistisch. Das Gesicht zu wahren ist eine moralische Last, für die ein Araber die Hälfte seiner Kraft verbraucht. Man will sich nicht blamieren, will nicht bloßgestellt werden. Man stürzt sich in Schulden, um die Gäste einer Hochzeit so vollzustopfen, dass sie magen- und leberkrank werden. Hauptsache, sie erzählen hinterher, wie großartig die Hochzeit war.

# Ein stürzendes Puzzlebild

Oft fragen mich Leserinnen und Leser, aber auch Literaturwissenschaftler, ob meine Romane autobiographisch sind. Die Frage ist berechtigt. Ich schreibe keine Autobiographie. Alle Autobiographien sind gelogen. Allein dass sie im Nachhinein erzählt werden, ist Grund genug sie nicht zu glauben.

Mögen Politiker, Schauspieler, Sänger, Nobelpreisträger und Autoren es tun, dann müsste der Untertitel dieses Lügenwerkes: *Meine erfundene Biographie* heißen. Alles andere ist Betrug.

Bei einem literarischen Werk ist es anders. Wenn man mit dem Schreiben einer Geschichte oder eines Romans anfangen will, erhebt sich seine innere Welt in die Luft wie ein schwebendes großes Bild, einem Winddrachen oder Gleitschirm gleich, und sobald man das erste Wort schreibt, zerfällt das große Bild in Puzzlestücke, die hintersegeln, um mit den Protagonisten der Geschichte oder des Romans zu verschmelzen.

Bei der einen Figur segeln ein paar hinunter, bei den anderen mehr oder weniger Puzzleteile. Das beschränkt sich nicht auf die im Roman agierenden guten oder bösen Menschen, sondern dehnt sich auch auf die Tiere und auf die Natur aus. In jedem Herbstblatt, in jeder Meereswelle, in jeder Schwalbe, die sich leicht in die Luft erhebt und über Kontinente segelt, um nach Hause zu kommen, ist ein Stück von mir.

## Aus meiner Sicht

Dass man alt wird, erfährt man auf vielerlei Weise. Die Gespräche mit langjährigen Freunden handeln weniger von erotischen Abenteuern als vielmehr von Gebrechen (Bandscheibenvorfall, Knieleiden, Leistenbruch, Gebiss, Hüfte und Gelenke, Übergewicht und zu guter Letzt die Vergesslichkeit) und deren Heilungsmöglichkeiten.

Bei mir häufen sich im Alter die Bitten um Ratschläge. Junge Autorinnen und Autoren wollen von mir so etwas wie ein Erfolgsrezept hören. Ich habe dafür meine fünfzigjährige Erfahrung in fünfundzwanzig Ratschläge zusammengefasst:

1. Schreib nur, wenn du dich nicht davor retten kannst.
2. Phantasiere soviel du willst, aber recherchiere lange und gründlich. Die Phantasie soll in überzeugender Weise die Rutsche sein, über die deine Leser und Leserinnen mit Leichtigkeit in die Romanwelt hineinkommen.
3. Schreiben verlangt Einsamkeit, Rückzug in eine ruhige Ecke. Ein Künstler muss in gewisser Hinsicht asozial sein, um der Gesellschaft später ein Kunstwerk zu schenken. Aber im Grunde ist er nicht einsam, er lebt vierundzwanzig Stunden am Tag mit seinen Heldinnen und Helden.
4. Begabung kann helfen, aber auf Dauer hilft vor allem viel Fleiß und ein wenig Glück.
5. Lesen, lesen, lesen und jeden guten Roman zweimal. Das eine Mal zum Genuss und das andere, um die

Technik, die Kniffe, den Aufbau zu erforschen. Gib einem Roman eine Chance von höchstens 50 Seiten, entweder hat er dich oder du hast ihn nicht. Es gibt so viele wunderbare Werke auf der Welt und sie warten auf dich.

6. Verliebe dich nie in deine Figuren. Das zerstört sie, macht sie unglaubwürdig, leblos. Halte die Distanz eines Chirurgen oder Kriminalbeamten zu ihnen. Auch sollst du die hässlichste, charakterloseste Figur nicht hassen. Das macht dich lächerlich. Halte Distanz.

7. Wenn du bei einer Szene, einem Dialog ins Lachen oder Weinen gerätst, ist es ein gutes Zeichen, aber mach danach eine Pause, gehe hinaus, um wieder die notwendige Ruhe in deiner Seele und die Distanz zu bekommen.

8. Sei gnadenlos zu dir selbst, wenn irgendetwas am Text nicht stimmt und sei es eine Kleinigkeit, das sind die hinterhältigsten Fallen. Schreib den Roman noch einmal um. Ich habe manche Romane dreimal neu geschrieben, *Die dunkle Seite der Liebe* über zehnmal.

9. Höre auf deine Lektoren, aber gehorche ihnen nicht. Es ist dein und nicht ihr Roman, aber je erfolgreicher du wirst, umso mehr solltest du die Kritiken wahrnehmen. Erfolg ist süß, und wenn man nicht vorsichtig wird, wird man fett und krank. Je besser du zuhörst, umso besser kannst du erzählen.

10. Rede nie über deinen Roman, ehe er aus der Druckerei kommt. Das bringt Unglück, weil jede Zustimmung oder kritische Bemerkung eines Gesprächspartners dich beeinflusst und dem Roman schadet.

11. Wenn du schreibst, vergiss alles: deine Großeltern, Eltern, Frau oder Mann, Leser und Kritiker, Land und Leute. Lebe im Land deiner Figuren, wo du für niemanden erreichbar bist.
12. Die Trennung zwischen Inhalt und Stil ist eine Erfindung der Literaturwissenschaftler. Und sie ist nützlich für ihre Arbeit und Rente. Es gibt aber keine Trennung zwischen dem Inhalt eines Körpers und seiner Haut, so auch in der Literatur, denn das Ganze bildet das sprachliche Kunstwerk. Die schönste Haut hilft nicht, wenn das Innere todkrank ist, und die besten inneren Organe tragen nicht zur Schönheit eines Menschen bei, wenn seine Haut erkrankt ist. Die Erkrankung des einen Partners führt zur Erkrankung des anderen.
13. Geh nicht der verführerischen Vorstellung auf den Leim, ein Autor oder eine Autorin habe einen Stil und sei auf ein Genre spezialisiert. Jedes Thema diktiert sein Genre und seinen Stil. Dadurch hat das Produkt die Chance, ein *einmaliges* Kunstwerk zu werden. Alles andere ist geistige Trägheit.
14. Selbstverständlich steckt in jedem Werk etwas von der Seele, der Biographie des Autors, es ist ein Spiegel der Realität, der Orte und Zeiten seines Lebens. Aber die Erlebnisse eines Autors machen noch keine Kunst. Kunst entsteht dadurch, dass man seine Gedanken, Erlebnisse, Recherchen, Beobachtungen atomisiert und daraus eine neue Schöpfung macht, so wie die Raupe sich vollständig auflöst, um ein herrlicher Schmetterling zu werden.
15. Zeige nie, wie viel Arbeit du in einen Roman steckst,

versteck sie eher hinter einem Lächeln, hinter einer Träne. Nimm den Seiltänzer in einem Zirkus zum Vorbild, der mit einem Lächeln die harte Übung tarnt. – Und wo wir beim Zirkus sind: Manche Autoren mögen die Rolle von Lehrern, Psychologen, Philosophen oder Clowns einnehmen – lass sie das machen und sei ein Zauberer.

16. Dein kulturelles, politisches, religiöses oder gesellschaftliches Engagement ist nicht einmal eine Zwiebelschale wert, wenn du langweilst. Je engagierter eine Autorin oder ein Autor ist, umso raffinierter, verlockender muss sie oder er schreiben. Erst dann verändert der Roman seine Leser und Leserinnen und hat längst seine Urheber verändert.

17. Nimm Herausforderungen an. Meide den sogenannten »Trend« und suche deine Pfade zu einer einmaligen Geschichte am Rande des Lärms. Wenn du deinen eigenen Weg gehen willst, musst du damit leben, lange Jahre, wenn nicht für immer, allein zu stehen. Ob mit Erfolg oder ohne, das spielt keine Rolle. Schriftstellerei ist ein einsamer Beruf. Tingelnde Autoren durch seichte Talkshows und auf allen Podien haben es noch nie zu etwas Vernünftigem gebracht.

18. Wenn du mit deinen Texten nicht nur den Himmel stürmen, sondern gleichzeitig die Redaktion einer Zeitung zufriedenstellen willst, hast du den falschen Beruf gewählt.

19. Nur Idioten glauben, sie könnten durch Verschwommenheit der Worte oder durch Dickleibigkeit eines Buches kompensieren, dass sie zu einem Thema nichts zu sagen haben.

20. Schiele beim Schreiben weder auf deine Lehrer noch auf deinen Vater oder auf den Literaturkritikpapst (-kardinal, -dorfpfarrer). Sei mit all deinen Sinnen bei deiner Geschichte.
21. Wenn du dir als Schriftsteller oder Schriftstellerin zu gering vorkommst und, um dies zu kompensieren, in die Romane ein paar Abschnitte (Seiten, Kapitel) einschiebst, die dem Leser erklären, wie sich die Erde dreht und was Sokrates über Männerfreundschaft gesagt hat, so solltest du eine Pause machen und dich fragen, ob du wirklich weiterschreiben musst.
22. Gepflegte Langeweile mit Klugheit zu verwechseln ist eine alte deutsche Krankheit, und das Wort »leicht« für ein Synonym des Wortes »seicht« zu halten, ist mehr als ein Sprachfehler.
23. Hüte dich davor, dir zu erlauben, deine eigenen Qualitätskriterien zu verraten und deinen Lesern und Leserinnen alles zuzumuten, sobald du ein gutes Buch geschrieben hast. Schon zu oft wird nach einem schillernden Debütroman nur noch gähnende Leere zu Papier gebracht.
24. Bleibe tapfer und suche beharrlich einen richtigen Verlag – klein oder groß spielt keine Rolle, aber verwehre dich der Idee, im Eigenverlag zu veröffentlichen oder dich an den Kosten zu beteiligen. Das ist feiger Selbstbetrug. Einen Ratschlag meines Vaters gebe ich weiter, weil er mir geholfen hat: Wirf eine Handvoll Lehm gegen die Wand, entweder er bleibt kleben oder er fällt herunter, aber er hinterlässt auf jeden Fall Spuren.

25. Verliere nicht die Geduld, wenn der Erfolg nicht auf einen Schlag und mit dem Debütroman kommt. Ich habe sieben erfolglose Bücher geschrieben, bis sich der erste Erfolg einstellte. Erfolg kann kommen, aber er darf nicht das Ziel sein. Und noch etwas: Erfolg oder Misserfolg sagen nichts über die Qualität eines Buches aus. Es gibt geniale erfolgreiche Bücher und genauso viele dümmliche Bestseller. Auf der anderen Seite gibt es genauso viele kluge wie überflüssige Bücher, die nur wenige lesen und sich womöglich als Elite betrachten.

## Distanz und Nähe

Die erste heilige Pflicht eines Autors ist die Nüchternheit, die Distanz, die ihm den Überblick verschafft, und der Mut, an den Gegenstand seiner Geschichte gnadenlos heranzurücken wie ein Chirurg ans offene Herz. Ein emotional verwirrter oder gar weinender Chirurg kann das Übel im Leib seines Patienten nicht beseitigen. Das Geheimnis eines guten Erzählers ist also: weise Distanz und gnadenlose mutige Nähe zum Gegenstand der Erzählung.

Als ich Mitte der achtziger Jahre den Roman *Eine Hand voller Sterne* schrieb, hatte das Assad-Regime 1982 bereits sein erstes großes Massaker in der Stadt Hama begangen. Fast dreißigtausend Menschen fielen dem kriminellen Regime zum Opfer. Ich wollte damals nur die Geschichte eines Jugendlichen schreiben, der stolpernd seinen Weg zur Freiheit suchte. Aber auch ich geriet damals beim Schreiben unter dem Eindruck des grauenhaften Massakers und angesichts des Schweigens der Welt in die Moralfalle; bald jedoch verwarf ich einen Entwurf nach dem anderen, bis ich einen Grad der Nüchternheit, die oben geschilderte Distanz und Nähe, erreicht hatte. Es regnete Lobeshymnen und scharfe Kritik, aber mir waren beide Äußerungen gleichgültig.

Man muss, wenn man engagiert erzählen will, mit seinem Stil ganz raffiniert eine Rutsche aufbauen, auf der die Leserinnen und Leser atemlos durch die Geschichte sausen.

Die Literatur soll, wenn sie gut ist, gegen die Vergesslichkeit unserer Zeit wirken. Sie wird selbst unvergesslich.

## Revolutionsroman

Ein Romancier kann anders als ein Journalist oder Dichter nicht direkt auf Ereignisse seiner Gegenwart reagieren, und wenn er es unter dem Druck einer Revolution, einer politischen Niederlage oder aus Bitterkeit heraus tut, kommt meist kein gescheiter Roman heraus. Romane, Erzählungen und Geschichten wachsen langsam wie Olivenbäume. Die Zeit bestimmen sie selbst und nicht die Ereignisse außerhalb ihrer Welt. Mancher Roman hat sich dreißig, manch anderer nur drei Jahre Zeit genommen.

Warum also dürfen aktuelle, vor allem politische Ereignisse nicht direkt das Romanthema bestimmen?

Weil der Druck der Aktualität und der Wunsch zur baldigen politischen Veränderung jede noch so wunderbare Geschichte zu billiger Tendenzliteratur machen.

Immer wieder schicken mir syrische oppositionelle Kollegen ihre sogenannten »Revolutionsromane«. Es sind schlechte, hastig hingeworfene, ideologisch überlastete und von einem infantilen naiven Siegeswunsch getragene Phrasendreschereien.

Interessanter für mich ist die Zeit vor den Ereignissen, in der bereits ein leises Beben zu spüren ist. Von dort gehe ich zu den Wurzeln dieser Ereignisse. An erster Stelle steht eine präzise Recherche, die manchmal das Geplante bestätigt, manchmal aber auch auf den Kopf stellt. Und dann kommt die schönste Phase, die der Herstellung des ersten Entwurfs. Von da an ist wiederum Geduld die Rettung. Manchmal muss ich einen Entwurf fünfmal, bei manchem Romanen bis zu zehnmal um- oder neu schreiben. Deshalb kann ich meine Geschichten auch nach Jahren noch frei erzählen. Ich habe sie bereits beim Formulieren verinnerlicht.

Das ist für mich die Aufgabe eines Romanciers.

Ist ein Exilautor dann noch engagiert oder opfert er seine Haltung zugunsten der Schönheit seines Romans?

Eine der schwierigsten Aufgaben für einen Exilautor besteht darin, seine Ideen, Träume und Wünsche lesbar zu machen. Oft ist das Scheitern vorprogrammiert. Zorn, Hass und Bitterkeit kennen keine Schattierungen, verschließen die Augen für Details. Alles wird plakativ, hastig. Nicht selten siegen naive Utopien und Lösungen.

Also verlangt das Schreiben gute Nerven und die Gewissheit im Herzen, dass die Diktatur scheitern wird, aber (hoffentlich) nicht der Roman. Was hilft, ist eine einfache Sprache, die ins Herz der Leser fließt, ihren Verstand beeindruckt und sie so zum Komplizen macht. Das alles gelingt mit Satire, Ironie und Lachen noch besser. Lachen verbindet und ist zugleich der beste Schmuggler von schwerverdaulichen Inhalten.

Ich behaupte, je perfekter ein Autor arbeitet, umso engagierter ist er – in welcher politischen Richtung auch immer. Alles andere sind die Kinderkrankheiten der Schriftstellerei. Mir ist es lieber, ich lese den guten Roman eines Schweinehunds als einen langweiligen Roman eines engagierten, sensiblen Menschen. Meine Entscheidung hat klare, einfache, aber berechtigte Gründe: Ich will ihn lesen und nicht heiraten.

# Gefährlicher Ehrgeiz

Das Brot des Intellektuellen ist die Unbestechlichkeit. Politik ohne Bestechlichkeit ist eine Utopie. Der Intellektuelle ist das Gewissen seines Volkes oder aber er mutiert zum Salonunterhalter. Der Politiker, dessen Gewissen nicht das beste Gebiss besitzt, ist der Pragmatiker seines Volkes. Der Intellektuelle muss ein unerschütterlicher, kompromissloser Prophet sein, mit einem Kassandra-Blick und dem Gedächtnis eines Kamels. Er muss gegen den Strom schwimmen und unrealistisch sein, sonst kann er gleich Realpolitiker werden.

Der Intellektuelle sucht die Wahrheit, besitzt sie aber nicht. Der Politiker tut so, als besitze er die Wahrheit, und zwar für immer. Wenn aber jeder Politiker nach einer Lüge entlassen würde, blieben die Parlamente und Ministerien menschenleer.

Ein Intellektueller schätzt die Kanten, ein Politiker die Rundungen. Man kann es plastischer formulieren: Der Intellektuelle und der Politiker sind wie die beiden Schienen eines Gleises, wenn sie sich treffen, entgleist der Zug.

Schriftsteller sollen sich politisch engagieren, den Mund aufmachen und unbestechlich bleiben, aber sie dürfen nie Politiker werden. Denn sie könnten nur schlechte Politiker sein, und ihre Schriftstellerei richten sie damit zugrunde.

Die Zahl der Politiker, die Intellektuelle blieben, ist gering, noch geringer ist die Zahl der Intellektuellen, die Politiker wurden und Intellektuelle blieben ... Václav Havel ist weder das erste noch das letzte Beispiel dieses Scheiterns.

Mein Freund, der chilenische Schriftsteller Antonio Skármeta (»Il Postino«), hat mir genau das bestätigt. Von 2000 bis 2003 war er Botschafter des demokratischen Chile in Berlin, der Stadt seines Exils unter Pinochet. Florian Höllerer, der damalige Leiter des Literaturhauses Stuttgart, hatte die wunderbare Idee, uns zu einem gemeinsamen Abend einzuladen. Zwei Schriftsteller, die das Exil kennen, der eine immer noch im Exil, der andere bereits in seine Heimat zurückgekehrt. Es war bewegend. Aber noch bewegender war das persönliche Gespräch mit Antonio Skármeta, der über seinen Botschafterposten todunglücklich war. Er erzählte mir, wie sehr er sich nach seinem Schreibtisch zurücksehnte und danach, frei und kompromisslos handeln zu können. Als Diplomat war ihm das verwehrt. 2003 warf er den hochdotierten Posten hin und kehrte zu seinen Büchern zurück. Ich feierte seine Entscheidung als Gewinn für die Menschheit.

## Die Sterne umarmen

Ich muss vorausschicken, dass mir die Nationalität der Autorinnen und Autoren gleichgültig ist. Der Pass ist für mich nicht Maßstab für die Qualität von Literatur. Ich bin Leser und kein Passkontrolleur.

Meine Einstellung ist leider nicht weitverbreitet. Hinter vorgehaltener Hand wird einem berichtet, dass dieser oder jener Literaturkritiker ganze Kontinente nicht beachte. Er könne, hieß es, mit Literatur aus Asien, Afrika und Lateinamerika nichts anfangen. In der Öffentlichkeit gebe er sich aber mondän. Fremdenfeindlichkeit ist wie ein Laster, das man öffentlich kritisiert und dem man heimlich frönt.

Selbstverständlich verachte ich jeden Mitleidbonus gegenüber Exilautorinnen und -autoren, noch mehr aber verachte ich den Hype, der anderen Kolleginnen und Kollegen aufgrund ihrer Herkunft zuteil wird.

Die schlimmste Strafe für jede Literatur und besonders für die Exilliteratur ist es, totgeschwiegen, ignoriert zu werden. Im Vergleich dazu schmeckt jeder Verriss wie süße Limonade. Eine Mauer des Schweigens ist wie die Belagerung durch eine unsichtbare Armee. Man kann sie nicht angreifen. Dieser Zustand lässt viele Exilautoren verzweifeln. Sie hören auf zu schreiben und manchmal hören sie auch auf zu leben.

Andere geben dem Druck nach und wagen nur noch, das zu schreiben, was man von ihnen lesen will: authentische Berichte über ihre Lage (Authentizitätsfalle). Dabei tritt gerade hier eine nicht zu übertreffende Absurdität in Erscheinung: Alles, was Exilautoren sehr authentisch schreiben, wird kaum beachtet. Dafür landen pseudo-authentische, kitschige Geschichten von etablierten einheimischen Autorinnen und Autoren über die Fremde auf den Bestsellerlisten.

Die Deformierung durch die Isolation geht bei Exilautoren manchmal so weit, dass sie nur noch danach trachten zu gefallen. Sie schreiben politisch (meist langweilig), weil ihnen ein angepasster unpolitischer Literaturkritiker von oben herab sagt, ihre Geschichten seien ihm nicht politisch genug (Engagementfalle). Oder sie verlieren zunehmend ihren Humor, weil man ihnen sagt, in Deutschland habe Literatur nichts mit Lachen zu tun (Ernsthaftigkeitsfalle). Oder sie lassen an ihrer Ursprungsgesellschaft nichts Menschliches und machen sich bereitwillig über sie lustig (Bimbofalle). Gegen all das anzukämpfen, macht die Daseinsberechtigung der Kunst der Fremden in jedem Gastland aus. Erst dadurch reift man und ist imstande, alle Nationalzwänge des Herkunfts- oder Gastlandes von sich zu streifen und Literatur von Qualität zu erschaffen.

## Eine gute Geschichte

Eine Geschichte oder ein Roman ist der Versuch, das Leben zu verstehen. Seine Grundsubstanz sind Wörter, seine formenden Hände sind Erfahrung, Gedanken, Phantasie, Empfindungen, Rationalität und Logik. Die Summe ist immer mehr als ihr Schöpfer denkt. Wer aber nur die Ratio in einem Roman sucht, hat das falsche Genre, das falsche Buch gewählt. Ein Roman, der nur rational ist, ist eine schlechte Erzählung, bestenfalls eine philosophische Abhandlung.

Wer aber deshalb der erzählenden Literatur vorwirft, sie sei eine Flucht aus der Wirklichkeit, irrt. All ihre Elemente, auch die magischen, märchenhaften stammen aus dieser, da ein existierender Mensch sie erlebt oder erdacht hat. Durch die Erzählkunst werden das auslösende Ereignis oder auch die ursprünglichen Überlegungen vertieft und als Kunstwerk der Wirklichkeit zurückgegeben. Dadurch wird diese bereichert. Auch ein Science-Fiction-Roman, der auf einem fernen Planeten spielt, oder ein Reiseroman durch unbekannte Erdteile kann, wenn er gut erzählt ist, mein Verständnis vom Leben in meinem Ort vertiefen.

Die Geschwindigkeit, mit der Moden entstanden und verschwanden, mit anderen Worten die kurze Haltbarkeit, war meine mahnende Lehrerin, keiner Mode zu folgen. Realismus, sozialistischer Realismus, Subjektivismus, magischer Realismus, Existentialismus, Moderne, Postmoderne, Surrealismus, wie oft wurde die eine Mode durch Anhänger anderer Moden verdammt! Keine dieser Erzählmöglichkeiten ist erhaben über das Scheitern und keine ist unberechtigt.

Leser- und Zuhörerinnen sollten, wenn sie durch äußere Umstände oder durch Müdigkeit bedingt die Reise unterbrechen mussten, nach einer Weile ein merkliches Verlangen spüren, weiterzulesen oder weiterzuhören.

Diese zauberhafte Kraft kann eine Geschichte besitzen, wenn die Idee originell und die Handlung glaubwürdig ist. Eine Geschichte ist dann gut, wenn sie für kluge Menschen jeglichen Alters geschrieben wurde. Auch die phantastische Lüge muss durch minuziöse Recherche, stimmige Konstruktion und gute Formulierung »möglich« erscheinen. Unterschätzt man seine Leser und Leserinnen, wird die Geschichte nie gut.

## Damaskus besingen

»Warum spielen Ihre Geschichten und Romane oft in Damaskus?«, fragen mich Journalisten gerne. Irgendein kluger Dichter – an dessen Namen ich mich leider nicht erinnere – sagte: Kindheit ist die wahre Heimat. Und Damaskus ist dazu eine wunderschöne Stadt. Es ist schwer, einem in einer freiheitlichen Demokratie aufgewachsenen Menschen zu erklären, welche Schmerzen die Diktatur Exilierten und Vertriebenen zugefügt hat. Welche Verletzung der Würde es bedeutet, das eigene Land nicht betreten zu dürfen. Aber der Roman kann das begreiflich machen. Das zeigen mir immer wieder die Reaktionen meiner Leserinnen und Leser.

Durch den Roman versuche ich zurückzukehren. Und nur beim Erzählen fühle ich, dass ich die Stadt nie verlassen habe und sie mich auch nicht.

Meine Geschwister wundern sich bei unseren unzähligen Telefonaten immer wieder über meine genauen Kenntnisse der Stadt. Ich muss manchmal lachen: »Ich bin gerade mit meinen Helden auf dem Gewürzmarkt und danach wollen wir ins Bad gehen«, sage ich.

## Zensur- und erdölfrei

Am Anfang meines schriftstellerischen Weges habe ich sehr darunter gelitten, dass kein Verlag meine Geschichten und Romane veröffentlichen wollte. Ich hatte zudem als Herausgeber mehrerer deutschsprachiger Anthologien Erfahrungen gesammelt. Und so beschloss ich, meinen Namen und meine Erfahrung in Europa in den Dienst unbekannter, aber begabter Autorinnen und Autoren aus dem arabischen Raum zu stellen, wobei Ethnie und Religion keine Rollen spielen dürfen. Gleich ob Araber, Kurden, Aramäer, Tscherkessen oder Armenier – Hauptsache, ich konnte den Text auf Arabisch lesen.

Die Schwalbe, mein Lieblingsvogel, schwebte mir als Symbol der Reihe vor, weil sie zwischen dem Süden und Norden pendelt und beide Seiten kennt und hier wie dort Freude bringt. Wie sie eine Unmenge von Insekten vertilgt, so sollte meine Reihe es mit Vorurteilen machen.

Ich hatte keine klare Vorstellung davon, was und wie die Reihe im Einzelnen aussehen sollte, aber eines war und ist mir unumstößliches Gesetz: Die Reihe muss frei von Zensur, Diktatur, Erdöl und Langeweile sein. Drei der Übel sind leicht nachvollziehbar. Einen Text, der langweilt und irgendeine religiöse oder weltliche Diktatur lobt, würde ich nicht annehmen. Die von mir ausgewählten Texte wollte ich intensiv mit ihren Autorinnen und Autoren besprechen, aber niemals zensieren. Die Reihe würden wir, die Verlage und ich, finanzieren und sie sollte durch die Qualität ihrer Texte bestehen. Aber warum ohne Erdöl?

Ich habe nicht prinzipiell etwas gegen Spenden oder finanzielle Hilfe, ganz im Gegenteil. Aber ich habe jahrelang genau beobachtet, wie die Ölscheichs und andere arabische Diktatoren – sehr aktiv waren zum Beispiel Gaddafi und Saddam Hussein in der Hinsicht – gut getarnt und finanziell großzügig, systemkonforme Literatur fördern, die keinen Menschen auf der Welt interessiert. Sie verleihen Preise in Millionenhöhe für Werke, die in der internationalen Presse mit keiner Zeile erwähnt werden. Zu Recht!

Sie veranstalten kostspielige Literaturfestivals, die für viele opportunistische arabische Autoren ein sattes Gehalt und regelmäßige Aufenthalte in Fünf-Sterne-Hotels bedeuten, aber als literarisches Ereignis haben sie so viel Wert wie ein Rülpser mit Knoblauchfahne.

Genau das wollte ich nicht.

Mein Leben in Freiheit und Demokratie überzeugte mich davon, dass nur Selbständigkeit und Originalität die Kunst retten und ihr lange Haltbarkeit schenken kann.

Mir waren hier bessere Informationen zugänglich, die es mir erlaubten, meine Kenntnisse über die arabischen Länder zu vertiefen. Und so konnte ich auch die arabischen Literaturen kritischer einschätzen. Vor allem ist mir erst hier im Ausland klar geworden, dass viele arabische Autoren, durch Kolonialismus und Diktatur bedingt, weder ihre Gesellschaft verstanden noch frei erzählen konnten. Sie waren doppelt gefangen. Zum einen waren sie als Nachahmer der europäischen Autoren gefesselt, und zum anderen hatten sie die Diktatur verinnerlicht. Sie trugen die Scheren des Zensors im Kopf und erleichterten ihm die Arbeit. Manche gingen mit ihm sogar einen trinken! Trotzdem gab es immer wieder tapfere Autorinnen und Autoren, die die rote Linie der Zensur überschritten. Sie mussten ins Exil oder wurden hart bestraft.

Aber die arabischen Länder sind im Wandel begriffen. Neue Erzählerinnen und Erzähler gibt es bereits. Deshalb war die Reihe *Swallow Editions* notwendig, um ihnen eine weltweite Leserschaft zu ermöglichen. Wir können nur einen Roman im Jahr veröffentlichen, den ich aus über zwanzig eingesendeten Skripten auswählen muss. Er erscheint zunächst auf Englisch, wird dann aber auch in andere Sprachen übersetzt. Die ersten beiden Romane der Reihe sind bereits auf Deutsch erschienen. Man kann (möge, sollte) sie am besten in jeder guten Buchhandlung oder direkt beim Verlag bestellen.

## Schwere Leichtigkeit

Mich hat als junger Student in Damaskus ein Stil in der alten arabischen Literatur fasziniert, den man *al Sahl al Mumtani'* nennt, »das schwer nachzuahmende Leichte«. Es verlangt nicht nur viel Arbeit, sondern vor allem einiges an Nerven, um es in einer literarischen Welt auszuhalten, die auf Effekte mehr Wert legt als auf die Kunst, die aufgewendete Arbeit zu verstecken. Denn der Kenner genießt die versteckten Perlen als besondere Beigabe. Ich werde den Tag nicht vergessen, an dem ich den Brief eines alten deutschen Zirkusartisten bekommen habe, der seinen Lebensabend in Süditalien genoss. Er erzählte mir, dass er alle Tricks in meinem Roman »Der ehrliche Lügner« überprüft habe. Es stimme alles, sagte er. Auch die Nummer, die ich für den Roman erfunden habe, könnte in jedem Zirkus aufgeführt werden. So etwas ist mir wichtiger als ein Literaturpreis. Aber bei allem eigenen Fleiß muss ich sagen, dass ohne die Beratung und Kritik meiner Lektorinnen und Lektoren meine Literatur nicht so schön geworden wäre.

Und je erfolgreicher ich werde, umso sensibler höre ich ihrer Kritik zu, weil Erfolg tausend gute und eine schlechte Seite hat: Er macht arrogant und schwerhörig.

Da ich als Kind bereits die französische Kultur und Literatur kennengelernt und als Jugendlicher dazu auch amerikanische, russische, lateinamerikanische, spanische, afrikanische, indische, japanische und chinesische Autoren gelesen habe, hatte ich neben den genialen Erzählern der Bibel so viele Lehrmeister, dass ich dagegen gefeit war, einen von ihnen nachzuahmen.

Die Behauptung, im Orient oder in Lateinamerika erzähle man märchenhaft oder magisch, in Europa hingegen rational realistisch, ist ein gängiges, einfältiges und eindimensionales Klischee über die Literaturen. Ich könnte eine lange Liste von europäischen Erzählerinnen und Erzählern liefern, die so magisch, so märchenhaft erzählen, dass Scheherazade und Márquez stolz auf sie wären. Rational bedeutet aber nicht, langweilig oder spannungslos zu erzählen und dem Leser auf 300 Seiten nur inhaltslose Kapriolen der Sprache oder die Nabelschau eines eitlen Autors zuzumuten. Nichts kostet mehr Recherche und mehr Rationalität als ein magischer Realismus, als ein phantastischer Text, der in die Herzen und Köpfe der Menschen vordringen will.

Ich empfehle den Kritikern, nicht zu vergessen, dass der erste moderne Roman ein *Don Quijote* war.

Ich habe von Anfang an selektiv gelesen und fühlte mich keine Sekunde verpflichtet, Langweiler zu lesen, auch wenn sie den Nobelpreis bekommen hatten. Das Leben ist zu kurz, und es gibt hohe Berge von spannenden Büchern, die ich noch lesen will.

# Erfolg verdirbt nicht

Der Erfolg ist besser als sein Ruf, wenn man ihn wie eine Bestie unter Kontrolle hält. Er bedeutet für mich erst einmal die Sicherheit für meine Familie – und mitten im Bürgerkrieg die Möglichkeit, drei weitere Familien in Damaskus zu unterstützen. Auch hilft er mir, jede eventuelle Arroganz eines Lektors in die Schranken zu weisen. Ich schreibe und veröffentliche nur das, was ich will. Und Erfolg lässt mich schließlich den Genuss der Bescheidenheit kosten.

Wenn ich den Spruch *Erfolg verdirbt* höre, muss ich lachen. Menschen, denen das widerfährt, waren vorher schon verdorben. Der Erfolg macht es dann nur publik.

# Glücksmomente

Das mündliche Erzählen ist für mich der höchste literarische Genuss. Die Begegnung mit dem Publikum, der Zauber, wenn sich Erwachsene, die vom Alltag beladen zur Veranstaltung kommen, binnen zehn Minuten in lauschende Kinder verwandeln. Das sind für mich Glücksmomente. Die Kunst des mündlichen Erzählens erfordert Respekt vor dem Publikum. Das Schreiben nicht. Ohne Respekt entsteht keine mündliche Erzählkunst. Dabei erleichtert mir die Zuneigung meines Publikums die Arbeit, sie nimmt aber keinen Einfluss auf Inhalt und Stil meiner Geschichten.

Dass meine Geschichten die Menschen inzwischen – über fünfunddreißig Jahre nach dem Start – generationsübergreifend ansprechen, habe ich mir in meinen kühnsten Träumen nicht auszumalen gewagt. Und das ist jetzt meine große Freude.

Es ist ein Glück für mich, dass ich in Deutschland gelandet bin. Die Bundesrepublik ist ein wunderbares Bücherland. Von hier aus konnte ich durch Übersetzungen viele andere Sprachen erreichen.

Mein Stil hat sich zu einer orientalisch-okzidentalisch-damaszenisch-mündlich-magisch-satirischen Mischung entwickelt. Es ist mein Stil. Und heute erkenne ich, wie richtig meine Entscheidung war, zu den Wurzeln des mündlichen Erzählens vorzudringen und sie in die neue Zeit zu retten, indem man sie vom Ballast der Zeit befreit und sie damit zeitlos geeignet macht, statt wie es in den arabischen Ländern Mode war, die europäischen und amerikanischen Erzähler nachzuahmen. Wir haben ein Heer von hinkenden arabischen Kafkas, Hemingways, Márquez' und Tolstois. Das sind die Folgen des Kolonialismus und die darauf folgende Abhängigkeit vom Westen.

Mit meinen frei gehaltenen Erzählungen habe ich ein treues Publikum gewonnen, das mich unabhängiger gemacht hat. Dafür bin ich sehr dankbar.

# Die Drohung

Ein Problem der deutschen Intellektuellen ist: Sie scheuen die öffentliche Debatte und meiden es, auf eine Kritik öffentlich zu reagieren. Die öffentliche Debatte ist nicht erwünscht und Zeitungen und Zeitschriften jubeln nicht, wenn man ihnen eine solche Auseinandersetzung anbietet.

Dafür wird der Gegner oft hinterrücks fertiggemacht, diffamiert, bloßgestellt, verleumdet, und wenn möglich, sogar im Privaten.

Man hat mich sehr früh davor gewarnt, dass diese Vorgehensweise durchaus üblich ist. Das erste Mal aber, dass sie mir in Form einer Drohung begegnete, war bei einer Jahresversammlung des alten Schriftstellerverbandes (VS) in Stuttgart, Mitte der achtziger Jahre. Damals war ich bereits seit zehn Jahren mit einer kleinen Gruppe von Israelis, Palästinensern, Juden und Arabern um die Versöhnung beider Völker bemüht. Wir machten langsam Fortschritte, unsere Arbeit geriet aber bei jedem palästinensischen Anschlag und bei jedem israelischen Angriff erneut in eine Sackgasse. Medien und Politiker ließen uns im Stich. Der Schriftstellerverband war auf einem Auge blind und trat immer und bedingungslos für Israel ein.

Also wartete ich bei jener Versammlung geduldig, bis sich die Mitglieder zu Wort melden durften, und ging dann zum Pult. Ich hielt eine sehr kurze, gut vorbereitete Rede von nicht einmal fünf Minuten, in der ich dem VS kritisch nahelegte, dass seine Pro-Israel-Haltung eine Flucht aus der Verantwortung sei. Und dass der VS zur Versöhnung der Konfliktparteien beitragen solle, indem er Treffen der Schriftsteller aus beiden Gruppierungen organisiere. Denn das bekäme dann eine andere Öffentlichkeit und würde das Bewusstsein für diesen Jahrhundertkonflikt schärfen.

Bernd Engelmann und andere Mitglieder des Vorstands gratulierten mir und baten, die Rede in der »Feder«, dem VS-Organ, veröffentlichen zu dürfen.

Doch direkt nach meiner Rede, noch am Ort des Geschehens näherte sich mir ein Schriftsteller und sagte in fast verschwörerischer Manier, drohend und ohne sich vorzustellen: »An Ihrer Stelle würde ich vorsichtig sein und mich nicht in Sachen einmischen, die Sie als Ausländer nichts angehen.«

Ich war so geschockt, dass mir die entsprechenden Flüche erst auf der Autobahn einfielen. Manchmal hasse ich mich dafür, dass ich für eine gute Antwort zu lange brauche.

Mein Beitrag wurde übrigens in der nächsten Ausgabe der »Feder« veröffentlicht. Und es kam keine Reaktion darauf. Weder positiv, noch negativ. Nichts.

# Unter-vier-Augen-Kämpfer

Ich kenne einen Schriftsteller der besonderen Art. Er erzählt gerne, dass er selbst Araber mit deutsch-türkisch-kurdisch-persisch-jüdischen Wurzeln sei und seine Frau eine Italienerin mit spanisch-griechisch-kroatisch-schwedischen Wurzeln. Dass er seine Tochter nicht UNO genannt hat, ist erstaunlich.

Dieser Kollege hat einen Charakter, den ich nicht kürzer beschreiben kann als mit Unter-vier-Augen-Kämpfer. Immer wenn wir uns trafen, verriet er mir leise, fast verschwörerisch seine Meinung über die Deutschen und die Welt. Er begann immer mit dem Satz: »Unter uns gesagt ...«

Am Anfang beeindruckte mich seine Radikalität dermaßen, dass ich mir wie ein reformistischer Jesuit vorkam.

Salonlöwen sind darin geübt, Heldentaten unter vier Augen zu begehen. Sie beeindrucken, solange es keine Krise gibt.

Mit dem Eintreffen der Geflüchteten erhöhte der Kollege seine Radikalität unter vier Augen, und bei den ersten rassistischen Äußerungen einiger alter Herren geriet er ins Zittern.

»Komm, wir schreiben gemeinsam ein Pamphlet zur Verteidigung nicht nur der Geflüchteten, sondern auch der Würde und der Demokratie«, schlug ich ihm vor. Er sah mich erschrocken an, hatte dann aber die Chuzpe, mich zu bitten, den Artikel zu schreiben. Wehe, einer würde mich angreifen, fügte er hinzu, den würde er fertigmachen. Auf diese Weise würde ein öffentlicher Dialog entstehen. Er schien es eilig zu haben und lief davon.

Mit Vergnügen schrieb ich mehrere Artikel, in denen ich das einfache Recht eines jeden Menschen auf Schutz verteidigte und gnadenlos gegen die Populisten wetterte.

Von dem Schriftstellerkollegen war nichts zu hören. Auch in den folgenden Jahren nicht. Er mied mich bei jedem Fest oder Verlagstreffen.

Nur einmal rief er mich an. Er wolle mir unter vier Augen erklären, warum er bisher geschwiegen habe.

»Gerne, aber nur unter mindestens zwanzig Augen«, erwiderte ich sanft.

Er hat sich nicht mehr gemeldet.

# Verwechslungen

Manche Verwechslungen brauchen nur etwas Humor und eine Prise gute Nerven ... manche etwas mehr.

## I.

Heute haben wir einen Bilderbuch-Postboten. Aber vor etwa fünfzehn Jahren war ein anderer für unsere Straße zuständig. Er war Pole und sprach kaum Deutsch. Ich fand immer wieder Briefe in meinem Briefkasten, die an Abdullah Muhammad, Zeynep Bedrichan oder auch Abdulkarim Mussbahi gesendet waren. Irgendwann streckte ich ihm die vier letzten falsch eingeworfenen Briefe entgegen und sagte: »Die Leute wohnen nicht hier, und ich heiße Rafik Schami.«

»Raf Schamiiir, Rafschani, Abdullah. Alles gleich! Gehört zusammen, oder?«, sagte der Postbote akzentreich und nahm die Briefe entgegen, wahrscheinlich warf er sie dann bei Zehra, Muhammed oder Ismail ein.

Drei Jahre dauerte das unangenehme Spiel und ich bekam immer wieder einige meiner verlorenen Briefe von der Nachbarschaft zurück.

Als er verschwand, atmete ich erleichtert auf.

## II.

In einer Münchner Straßenbahn grüßte mich eine attraktive Frau in den Vierzigern, und als der Platz neben mir frei wurde, verließ sie ihren Platz und setzte sich zu mir. Ich war vertieft in ein Buch über die arabische Kalligraphie.

»Ich mag ihre Geschichten sehr«, sagte die Frau.

Ich bedankte mich und hörte auf zu lesen. Sie erzählte mir von ihren Lieblingsgeschichten. Bald merkte ich, dass sie mich mit einem anderen Autor verwechselte. Ich machte sie höflich darauf aufmerksam, da erschrak sie dermaßen, dass ich sie beruhigen musste. Sie entschuldigte sich mehrmals und ich erklärte ihr, Verwechslung sei keine Sünde oder Schande. Doch bei der nächsten Haltestelle sprang sie auf und eilte hinaus. Sie vergaß durch die Aufregung, dass sie mir kurz davor erzählte, sie wolle genau wie ich zum Hauptbahnhof fahren. Und der war noch weit entfernt.

III.

In einer kleinen Stadt im Norden streckte mir eine Frau nach der Lesung einen Roman von Salman Rushdie entgegen. Ich sagte: »Das kann ich nicht signieren, weil ich nicht Salman Rushdie bin.« Ich zeigte ihr das Plakat hinter mir, auf dem ich und mein neuer Roman abgebildet waren. »Ach so«, sagte die Frau, »wissen Sie, ich bin zu spät gekommen und habe mich immer wieder gefragt, warum Salman Rushdie einen Roman schreibt, der in Damaskus spielt.«

IV.

In Frankfurt kam es noch dicker. Ich signierte nach einer Lesung. Plötzlich streckte mir ein junger Mann ein Buch von Edgar Wallace entgegen, eines aus der billigen Rote-Krimi-Reihe. Ich lächelte, »Das bin ich nicht«, sagte ich ihm und schob das Buch zurück.

»Das macht nichts. Das Buch ist spannend und billiger als ihre Bücher«, antwortete er ernst.

»Ich sage es meinem Verleger«, antwortete ich; er grinste und ging.

Ich dachte an Kurt Tucholsky, dem einmal ein Oberrealschüler aus Nürnberg schrieb: »Hoffentlich sterben Sie recht bald, damit Ihre Bücher billiger werden (so wie Goethe zum Beispiel) ...«

Tucholsky bat daraufhin seinen Verleger Rowohlt darum, seine Bücher billiger zu machen.

Bis heute aber weiß ich nicht, ob der junge Mann mir Edgar Wallace arglos aus demselben Grund vorlegte oder mich reinlegen wollte.

## V.

Starke Nerven und eine Unmenge Humor bräuchte die folgende Szene und die besaßen weder ich noch meine Kollegen an jenem Tag.

Ein Professor der Germanistik lud uns zu einem Dialog über die gegenseitige Bereicherung, die unsere deutschsprachige Literatur und die deutsche Literatur erfahren. Ein lobenswertes Handeln eines engagierten Forschers, der sich viel mit Goethe und den Märchen beschäftigt hat. Es sollte eine Tagung mit Diskussion und vielen Lesungen sein.

Er war auch ein großartiger Gastgeber. Keine Frage. Doch er beging einen Fehler, der das ganze Vorhaben beinahe zum Einsturz brachte. Er beauftragte einen Assistenten mit der Durchführung der Tagung. Dieser befand sich durch Zufall oder schlechte Planung in den USA, also musste er eingeflogen werden. Als wir das hörten, platzten wir fast vor Stolz: Der kommt extra aus Amerika, um mit uns zu debattieren. Wer hätte das gedacht, dass die Germanistik in diesem Land den Staub von sich schüttelt und so dynamisch wird.

Es war eine verfrühte Freude.

Der Assistent, ein schlecht gelaunter junger Mann, ging in einem vollen Saal zum Pult und nach einführenden Sätzen über seine Arbeit in Amerika legte er los. So etwas habe ich in all den Jahren nicht erlebt: Er beschimpfte unsere Literatur als unglaubwürdig und überflüssig. Es waren Kollegen dabei, mit denen wir zusammen wirklich eine Pionierarbeit geleistet hatten, so etwa mit der Reihe *Südwind* für Autoren nichtdeutscher Muttersprache oder mit dem Verband *PoLiKunst* für alle Künstler polynationaler Herkunft. Wir saßen ziemlich weit hinten und schauten uns entsetzt an. Die Minuten vergingen zäh. Auch viele Zuhörerinnen und Zuhörer schauten besorgt zu uns herüber. Und der Assistent fuhr fort, laut, angeberisch und unverschämt, wie die Karikatur eines Oberlehrers.

»Was machen wir?«, flüsterten wir in unserer Reihe. Viele Kollegen wollten den Saal demonstrativ verlassen. Ich fühlte den Mut, einen Gegenvorschlag zu machen. Nein, wir verlassen den Saal nicht, sondern widersprechen so laut, dass der Vortragende aufhören muss. Meine Kollegen stimmten zu. Ich stand auf und sagte dem Assistenten offen meine Meinung über seine Dummheit, dass er, anstatt sich vorzubereiten, plakativ provozieren wolle. Er solle lieber aufhören. Totenstille. Der Effekt beruhigte mich. Ich führte ihm seine Unfähigkeit vor, die ihn als Wissenschaftler disqualifizierte, und erklärte, dass wir als Gäste keine Minute mehr weitere Belege seiner Unfähigkeit hören wollten.

Er war noch zu einer einzigen weiteren Beleidigung fähig: Wir hätten ihn missverstanden, er meine, unsere Literatur sei phantastisch, das wolle er mit dem Wort unglaubwürdig zum Ausdruck bringen.

Ich bestand darauf, dass er auf der Stelle aufhörte und fügte hinzu, dass wir entschlossen seien zu gehen, falls er noch ein Wort sagt. Das Programm solle ohne seine angebliche Analyse unserer Unglaubwürdigkeit weitergehen und das war ein ziemlich starkes Programm mit mehreren Lesungen.

Der Professor handelte und entsprach unserer Bedingung. Der Assistent musste vom Pult weg. Und wir vergnügten uns zwei Tage lang mit sehr gut besuchten Lesungen.

## Kindern erzählen

Seit Jahrzehnten plädiere ich für eine wöchentliche Kulturstunde in jeder Klasse. Keine Hausaufgaben, keine Prüfungen dürfen die Schülerinnen und Schüler quälen, sondern es soll sie eine vergnügliche Reise zu anderen Völkern und Kulturen erfreuen. Die Erdkunde ist seit meiner Schulzeit ein langweiliges Fach, das keine Kunde von der Erde und ihren Menschen schenkt, stattdessen erhält man über die Länder Informationen, mit denen man nichts anfangen kann.

Meine Forderung ist: Eine Stunde in der Woche, in der Kinder und später Jugendliche Musik, Sitten und Gebräuche der anderen Völker mit Genuss kennenlernen und erleben können.

Und Erzählen ist eine wunderbare Möglichkeit einer Kultur näherzukommen. Heute sind Geschichten der meisten Völker erhältlich. Geschichten sind Fenster zu den Seelen und Kulturen anderer Völker und Länder. Geschichten ermöglichen es auf eine zauberhafte Art, Kinder und Erwachsene die Schönheit der Sprache nicht nur entdecken, sondern an erster Stelle genießen zu lassen. Einen besseren Zugang zu einer Sprache kann kein Lehrbuch vermitteln. Geschichten erweitern nicht nur den Blick, sondern auch die Phantasie. Ein Kind, das Geschichten liest, verzweifelt weniger angesichts einer Herausforderung. Es erinnert sich an bestimmte Handlungen, bestimmte Heldinnen und Helden, die ihre Schwierigkeiten überwunden haben, und das macht ihm dann Mut. Geschichten animieren uns, wenn sie gut sind, sie unseren Freundinnen und Freunden weiterzuerzählen. Wir wollen ihnen einen Teil der Freude schenken, die wir erlebt haben. Das schult unsere mündliche Erzählkunst, die sowohl für den Beruf als auch für die Demokratie sehr wichtig ist. Ein mündiger Bürger ist ein erzählender Mensch. All das kann eine wöchentliche Stunde »Kultur der Völker« den heranwachsenden Menschen schenken.

# Gesichter der Ungastlichkeit

*In der Fremde missfallen mir so viele Dinge,
dass ich mich fast wie zu Hause fühle.*
GABRIEL LAUB

Ein Freund mahnte mich Ende der achtziger Jahre nach einer heftigen Auseinandersetzung mit einem gehässigen Islamwissenschaftler davor, dass dieser Herr als Berater seine Hände / Finger / Zehen in vielen Gremien, Komitees und Jurys habe. Zufällig erzählte mir ein türkischer Kollege von einem einflussreichen Mann in Süddeutschland, ohne dessen Segen kein wichtiger Preis in seinem Bundesland vergeben wird. Es klang alles so unglaublich, so mafios, als wären wir in Syrien oder Italien. Ich musste mir für ein gründliches Nachdenken Zeit nehmen, weil ich eine Entscheidung treffen wollte, die dann mein ganzes literarisches Leben begleiten sollte. Es ging nicht um eine spontane, nur momentan gültige Reaktion.

Für mich war damals und ist bis heute vor allem wichtig, dass ich in Freiheit das schreibe, was ich aus meinen Erfahrungen und Phantasien zusammengeknetet habe, und dass ich dann das Geschriebene frei von jedweder Zensur meinem Publikum mündlich erzählen kann. Alles andere kommt danach.

Das prägt meine Arbeit bis heute.

Aber man soll solche Gehässigkeiten der Einflussreichen nicht verharmlosen. Jeder unberechtigte Angriff auf einen Autor oder eine Autorin ist eine tiefgreifende Gefährdung seiner beruflichen Existenz. Gemeinheiten gegen einen Exilautoren verweisen dazu auf mangelnde Gastfreundschaft. Sie sind eine Bejahung und Verlängerung der Zustände, die jenen Autoren ins Exil trieben.

# Untaten und ihre Täter

Ich verzichte auf die Namen derer, die mir den Krieg erklärten, weil ich kein Interesse daran habe, jemanden zu verletzen, auch meine Feinde nicht. Mich interessiert nur, ihre Missetaten festzuhalten. Ihre Untaten zu verschweigen, wäre falsch und für andere wiederum wenig hilfreich.

Die Schilderung ihres Verhaltens hat nicht nur den Zweck, die Zeit nüchtern zu dokumentieren. Erst wenn man solch bedenkliche Haltung anprangert, erkennt man, welche Kämpfe Exilautorinnen und -autoren neben allen anderen Miseren durchzustehen haben. Oder anders formuliert: welch ungünstige Voraussetzungen und schwere Bedingungen diese Literatur hat. Was ich hier im Nachhinein mit Gelassenheit und nicht ohne Genuss kurz zusammenstelle, sind die Spitzen vieler Eisberge, die mich manchmal schlaflos machten.

Die Dokumentation dieser Untaten füllt einen Ordner, doch sie ausführlich zu schildern ist unnötig.

### Böse Überraschung

In 45 Jahren wurde ich dreimal von Nazis und Neonazis belästigt. Einmal wurde ich aus einem Restaurant hinausgeekelt. Ich war mit einer Freundin da, und der Wirt hat mir deutlich gemacht, dass er mich nicht bedienen wolle. Ein anderes Mal wurde ich aus einem fahrenden Auto heraus von jungen Neonazis beschimpft, und einmal, das war im Herbst 1990, wurde ich im Zugabteil von einem angeberischen Neonazi angegriffen. Ihm erteilte ich eine handfeste körperliche Lehre, allerdings habe ich mir dabei eine Schürfwunde am Schienbein geholt und musste anschließend, mit pochendem Bein, aber freundlich lächelnd, in Gütersloh meine Lesung halten. Die Freunde dort erfuhren von der Schlägerei kein Wort. Ich war ja da, um *Erzähler der Nacht* vorzustellen, und nicht, um meine Erlebnisse von unterwegs zum Besten zu geben.

Das sind in 45 Jahren so wenige Übergriffe, dass ich ohne Hemmung davon erzählen kann. Ich wurde in Syrien in den 25 Jahren, die ich dort gelebt habe, öfter angegriffen.

Die böse Überraschung kam aber aus einer Ecke, aus der ich freundliche Zusammenarbeit erwartet habe. Nein, Freundschaft oder Gastfreundschaft habe ich nicht erwartet. Ich bin ein erfahrener Angehöriger einer historischen Minderheit und habe Geduld mit der Mehrheit, in welchem Land auch immer. Und ich neige nie zu Euphorie bei meinen Einschätzungen.

Aber Feindseligkeit von ehemaligen Linken, damit hatte ich wirklich nicht gerechnet. Es sind Jahre vergangen, bis ich dieses abstruse Verhalten richtig interpretieren konnte.

Zwei Arten von Feindseligkeiten begegneten mir. Die eine von ehemaligen Extremlinken und heutigen Extremrechten, die in allen möglichen Gremien und Redaktionen großen Einfluss hatten und zum Teil bis heute haben. Jahrelang agierten sie verdeckt. Inzwischen haben sie sich durch ihre rassistische Haltung gegenüber Flüchtlingen zur Genüge entlarvt.

Die andere Art von Feindseligkeit schlug mir von einer Schar von Übersetzern, Orientalisten und Islamwissenschaftlern entgegen, die als Deutsche hier und in den arabischen Ländern unverständlicherweise (zunächst) aggressiv gegen uns arabische Exilautoren vorgingen.

Ein Teil dieser Herren stellte sich aus purem Opportunismus, ob bezahlt oder nicht, in den Dienst des Assad-Regimes. Ihr Lohn: Sie kamen in Kontakt mit den Autorinnen und Autoren des Regimes, wurden vom Kulturministerium (für uns Exilanten die Kulturabteilung des syrischen Geheimdienstes) hofiert und agierten als Verlängerung seines Armes. Dass sie daran gescheitert sind, meinen literarischen Weg oder Erfolg in irgendeiner Weise zu verhindern, ist für mich mehr als Genugtuung. Aber noch im Jahr 2010 versuchten sie mit aller Macht, die Übersetzung meiner Bücher ins Arabische zu verhindern. Inzwischen erscheinen meine Bücher unzensiert im Al-Kamel-Verlag (Beirut) und erreichen durch die Tüchtigkeit des Verlegers viele Menschen in den arabischen Ländern.

Seit dem Tag, an dem meine Texte zu Büchern wurden, hat eine Gruppe von korrupten »Maklern der Kulturen« mir den Krieg erklärt. Nach langer Überlegung beschloss ich nun doch, ihr Verhalten zu schildern, wenn auch so kurz wie möglich. In meinem Archiv steht ein etwa 200 Seiten dicker Ordner, der alle Dokumente dieser Auseinandersetzung von 1989 bis 2012 enthält.

In diesem Fall haben wir es mit Deutschen zu tun, die sich freiwillig in den Dienst eines arabischen Diktators stellen, um einen Exilautor zu bekämpfen. Sie verbreiten in Deutschland, der Schweiz und Österreich, dass meine Romane und Erzählungen angeblich ein romantisches, kitschiges Bild der arabischen Gesellschaft vermitteln. Man kann sich jetzt fragen, was in *Eine Hand voller Sterne* kitschig sein soll. Der Roman erschien 1987 (nachdem ihn über 20 Verlage abgelehnt hatten) und berichtete bereits damals über die Missstände, die zum Aufstand 2011 führten. Ein Jahr davor, 2010, wurde der Roman zum »Buch der Stadt Wien«. 2015, das heißt 28 Jahre nach Erscheinen, zum »Buch der Stadt Köln«. Der Roman ist in mehr als 15 Sprachen übersetzt und hat zahlreiche Preise erhalten und ist heute, 30 Jahre nach seinem Erscheinen, immer noch erhältlich.

Dieselben Herren hielten als »Experten für den deutschen Büchermarkt« in Damaskus (unter Assad), in Bagdad (unter Saddam Hussein) und in Kairo (unter Mubarak) Vorträge bei Veranstaltungen der jeweiligen Kulturministerien, in denen sie mich beschuldigten, ein negatives, schlechtes Bild der arabischen Gesellschaft zu zeichnen, und nur das sei der Grund für meinen Erfolg. Ihr syrischer Freund, ein Mitarbeiter des syrischen Geheimdienstes, ging noch einen Schritt weiter und beschuldigte mich in der offiziellen Zeitung der syrischen Abteilung der arabischen Schriftsteller-Union, den Islam beleidigt zu haben und meine Romane so zu schreiben, dass sie Juden und Zionisten zufriedenstellen. Das ist einerseits platt und primitiv, kommt aber andererseits einem Mordaufruf gleich. Zu meinem Glück wird diese Zeitung kaum gelesen oder ernst genommen.

## Der Ja-Araber

Ich musste mich fragen, woher diese Aggression kommt, diese entschiedene Feindseligkeit. Man müsste doch annehmen, Orientalisten, Arabisten, Islamwissenschaftler oder Übersetzer würden sich über einen Autor aus einem arabischen Land freuen.

Neid allein genügt nicht als Erklärung für dieses feindselige Verhalten, das meine Existenz bedrohte. Vielleicht, dachte ich, haben sie Angst, wir könnten ihre Aussagen kontrollieren und ihren Umgang mit den Diktaturen beobachten und publik machen? Ja, das wäre ein nachvollziehbarer Grund. Ein schlechtes Gewissen führt oft zu Feindschaft.

Oder, dachte ich, ist es möglich, dass sie wie ihre Großväter die Angehörigen der Dritten Welt lieben, solange diese drei- bis fünftausend Kilometer entfernt sind? Dass sie diesen rückständigen, armseligen Menschen helfen wollen und enttäuscht sind, wenn die das ablehnen, weil sie es womöglich gar nicht brauchen? Und dass genau daraus diese Aggression entsteht, da einer aus dieser Gegend auf ihre Hilfe verzichtet und trotzdem nicht untergeht? Das alles kann eine Rolle gespielt haben, aber es kann die Dauer der Feindseligkeit und vor allem die Doppelzüngigkeit nicht erklären.

Erst viele Jahre später wurde mir klar, dass diese Wissenschaftler und Publizisten sich an etwas anderem stören: Da kommt ein Mensch aus einer Gegend und Kultur, für die sie sich das Expertentum auf die Fahne geschrieben haben, und sagt erhobenen Hauptes »Nein« zu ihren Vorschlägen und Vorgehensweisen. Diese gleichen Herren sind in der Regel einem Ja-Sager-Araber gegenüber äußerst freundlich, wenn er ihre Vorurteile bestätigt und sich ihnen gegenüber untertan verhält. Ein gehorsamer, unterwürfiger Araber ist ein guter Araber für die Herren. Ich habe auch erlebt, dass ein vor Wut schäumender Araber, der sein schlechtes Deutsch durch unangenehme Lautstärke zu kompensieren suchte, diesen Herren sehr schnell gefallen hat. Er bediente ihre Vorurteile, sie konnten sich über ihn lustig machen und sie konnten sich – wenn auch nur zum Schein – mit ihm befreunden. Erst viel später äußerte sich der Ja-Sager-Araber unter vier Augen auf Arabisch »offen« und erst da erfuhr ich, was er für seine deutschen »Förderer« empfindet: eine nahezu rassistische Verachtung.

Die aalglatten Ja-Araber sind geübte Heuchler. Manche haben ein halbes Leben in einem diktatorischen System geübt und haben bis zu zehn Geheimdienste bedient und sie im Geheimen gehasst. Nun fällt es ihnen nicht schwer, ein paar naive Orientalisten zu überlisten, um ihre eigenen Ziele zu erreichen.

»Was kann ich dagegen tun?«, fragte ich mich Anfang der neunziger Jahre. »Nichts«, hörte ich mich flüstern. Und siehe da, aus der Hilflosigkeit erwuchs die beste Antwort: Am besten beachte ich sie nicht, gehe möglichst geradlinig weiter meinen Weg und tue das, wovon ich immer geträumt habe: Geschichten erzählen. Sie nicht zu beachten, bedeutet aber nicht, sie zu übersehen. Ich registriere alles, archiviere es und befreie damit meinen Kopf von all dem Müll.

# Verschiedene Attacken

Man könnte Bücher füllen mit dem, was ein Mensch im Exil erlebt. Da sind zum einen die rassistischen Kommentare aus Ahnungslosigkeit, aus Boshaftigkeit oder schlicht aus Dummheit. Etwa wenn mir ein Mann im Zug versichert, er habe nichts gegen Ausländer, aber diese Muslime müssten alle weg. »Und ich fühle Ekel vor Rassisten und muss mich erbrechen«, sagte ich und ging in ein anderes Abteil. Zum anderen ist es verletzend, wenn ein Lektor am Rand meines Textes vermerkt: »Arbeiten die Araber überhaupt?«

Ich schrieb darunter: »Nein, sie brauchen nur den Finger in den Boden zu stecken und schon spritzt, je nach Gebiet, Oliven- oder Erdöl heraus.«

Eine Lektorin schrieb Anfang der neunziger Jahre an den Rand eines Manuskripts: »Glauben Muslime überhaupt an Gott?«

»Ja«, gab ich zur Antwort. »Empfehle Ihnen den VHS-Kurs Islam I.«

Das alles ist nur dumm. Aber es gibt auch regelrechte Attacken. Im Folgenden gebe ich nur ein paar Variationen wider, die das Spektrum der Ungastlichkeit zeigen. Sie genügen, um zu verdeutlichen, wie hinter den Kulissen gegen Exilautoren vorgegangen wird.

### Erste Attacke
*Einen Monolog als Dialog verkaufen*
Mich hat es bereits in den ersten Jahren (1985 bis 1989) auf meinen Reisen gewundert, dass nicht nur die arabi-

schen Botschaften in den verschiedenen Städten meine Lesungen boykottierten, sondern auch eine Gruppe selbsternannter »Experten für arabische Literatur«. Natürlich sickerte zu mir durch, was sie über meine Literatur verlauten ließen, aber ich wollte damals nicht glauben, dass Leute, die sich »Freunde« der arabischen Kultur nennen, mir den Krieg erklären.

Die erste öffentliche Konfrontation kam 1989. In Berlin wurde für viel Geld ein Orient-Okzident-Festival, Horizonte 89, veranstaltet. Die Berliner Festspiele GmbH beauftragte die »Experten«, das Programm zu gestalten. Ein Übersetzer und sein Freund, ein »Förderer« der Literaturen aus der Dritten Welt, sorgten mit deutscher Gründlichkeit für den Ausschluss aller arabischen Exilautoren, die im deutschsprachigen Raum lebten. Nur von den arabischen Diktaturen genehmigte Staatsautoren waren eingeladen. Die Ölscheichs und die arabischen Diktaturen hätten das finanziell aufwendige Vorhaben sonst nicht unterstützt.

Man muss sich vorstellen, ein deutsch-amerikanisches Festival in den USA im Jahre 1943 hätte alle deutschen Exilautoren ausgeschlossen, dafür aber Nazi-Schreiberlinge eingeladen. Ein Ding der Unmöglichkeit, aber die selbsternannten »Experten« machten genau das. Sie ernteten von der Berliner Presse einen Verriss nach dem anderen, weil die eingeladenen Staatsautoren wie unbeteiligte Wachsfiguren auf der Bühne saßen, während sich die »Experten« eitel in den Mittelpunkt stellten und lange, monotone Monologe hielten. Von Dialog keine Spur!

Ich kritisierte sie öffentlich, da ich dachte und bis heute denke, dass man einen kulturpolitischen Konflikt nicht heimlich austragen soll, wenn er denn besteht. Von da an war die Feindseligkeit offiziell.

Ein Jahr später, im Herbst 1990, traf mich der »Literaturförderer« auf der Buchmesse. Mein Roman *Erzähler der Nacht* hatte bereits großen Erfolg und war in 23 Sprachen übersetzt. Er machte mir ein dummes Angebot. »Sie müssen wissen«, sagte er mit leiser Stimme, »wir haben sehr gute Kontakte zu vielen wichtigen und großen Persönlichkeiten. Es wäre auch für Sie besser, wenn wir zusammenarbeiten.«

Ich ließ ihn stehen.

### Zweite Attacke
*Die Beleidigung eines Exilautors als Beitrag*
*der Verständigung*

Im Winter 1991 bat mich ein Freund – während einer anstrengenden Tournee mit über 120 Terminen – dringend um einen Termin in Frankfurt. Es gehe um die »Multikulti-Arbeit« und sei wichtig. Ich willigte ein. Dann kam er einen Monat später, wie alle Anfänger, mit einer zweiten »spontanen« Bitte. Es wäre ganz toll, wenn ich zustimmen würde, dass ein deutscher Literaturkritiker nach der Lesung mit mir über die Rolle der Literatur von Exilautoren in einer multikulturellen Gesellschaft diskutieren würde. Auch diese Bitte erfüllte ich dem Freund, obwohl ich so etwas in der Regel nicht mache. Literaturkritiker sollen unter ihrem eigenen Namen auftreten und versuchen, ihr Publikum zu unterhalten.

Die erste schlechte Nachricht an jenem Tag war, dass der Freund krank sei.

Trotz eiskalten Wetters und einer chaotischen Vorbereitung der Lesung waren immerhin mehr als hundertfünfzig Personen da, und ich trug aus *Erzähler der Nacht* vor. Das Publikum ging gut mit und hörte der Geschichte vergnügt zu. Nur einer saß steif und düster in der Menge wie eine Gipsfigur: der Literaturkritiker.

Anfangs dachte ich, er wäre gar nicht gekommen, denn bis zum Beginn der Lesung kam niemand, um mich als Dialogpartner zu begrüßen. Nun erkannte ich ihn an seiner schlechten Laune und fand es sehr unhöflich, dass er immer wieder in mitgebrachten Blättern und Zeitschriften las.

Im Anschluss an die Lesung sollte die angekündigte Diskussion zwischen einem Exilautor und einem deutschen Literaturkritiker stattfinden. Der Kritiker, ein promovierter Literaturwissenschaftler, der damals Adorno öfter in den Mund nahm als seine Zahnbürste, kam nach vorne, setzte sich zu mir an den Tisch und näselte: »Herr Schami beherrscht die deutsche Sprache wunderbar und spielt gekonnt mit ihr, aber das, was er schreibt, ist *keine* Literatur.« Ich habe, wie viele Ausländer schnell gelernt, dass Deutsche ihre Meinung erst nach dem ABER sagen, und war entsetzt.

Er würde, fuhr er fort, mehr aus einem New Yorker Roman lernen, der 800 Seiten lang in einem Aufzug spiele, ohne dass etwas passiere, als aus dieser Geschichte über die Verstummung eines Kutschers in Damaskus. Damals war es gerade Mode, Romane, die gar nichts erzählten, zu loben. Für ihn, so der Adorno-Fan, gelte nur die Moderne und Postmoderne. Meine Literatur sei veraltet. Und Damaskus interessiere ihn nicht.

Das ärgerte mich und viele im Saal ungeheuer. Es ging

um die Verstummung in Zeiten der Diktatur. Ich wartete, bis der promovierte Herr fertig war, und sagte: »Gut, wenn das keine Literatur ist, was ich schreibe, nennen wir es Kartoffeln, und nun lassen Sie uns doch über den Geschmack dieser Kartoffeln reden.«

Ein großer und sinnloser Streit brach aus. Mein Gegenüber versuchte, sich in Zitate zu flüchten, die er Adorno zuschrieb, wohl in der Hoffnung, die Hälfte der Zuschauer würde Adorno für einen italienischen Heiligen halten. Doch belesene Frauen und Männer im Publikum erklärten ihm, wo sein Problem lag: im Genuss nämlich. Er gehörte zu denen, die nur Literatur lieben, die nach ARBEIT schmeckt, die nach ARBEIT riecht und der nur durch dokumentierte Schwere der ARBEIT Respekt abgewonnen wird.

Mir scheint, dass viele Intellektuelle Lachen und Lust auf der einen Seite mit Seichtheit und mangelnder Seriosität auf der anderen Seite verwechseln. Langeweile ist in Deutschland noch nie in den Verdacht geraten, nicht ernsthaft zu sein.

Draußen war die Nacht eiskalt. Ich fuhr nach Hause. Nie im Leben werde ich die Einsamkeit in jener Nacht vergessen. In welchem Land lebte ich da? Ich kam mit den besten Absichten nach Frankfurt und erfuhr eine solche Ungastlichkeit. Neonazis sind gnädiger, weil sie dümmer argumentieren, als einer, der Adorno zitiert und Exilautoren bekämpft.

Die Ablehnung einer Kunst ist für den Künstler oder die Künstlerin immer schwer zu ertragen, aber die Ablehnung einer Exilkunst betrifft zusätzlich die Existenzgrundlage der Exilanten.

Ich verfluchte meinen Leichtsinn. Ich selbst hatte es einem dummen Mann ermöglicht, mich auf *meiner* Veranstaltung zu beleidigen.

Und ich verfluchte mein Exil. »Sobald uns ein Hund anbellt, fühlen wir uns schuldig, bloß weil wir Knochen im Leib tragen, die wir ihm nicht geben wollen«, schrieb ich in jener Nacht auf einen Zettel. Ich brauchte 20 Jahre, um diesem Literaturkritiker verzeihen zu können und mich mit ihm zu versöhnen. Nachdem er genauso lange gebraucht hatte, um sich eine Entschuldigung abzuringen.

### Dritte Attacke
*Gute Nerven oder Geschmacklosigkeit auf der Bühne*
Von Anfang an habe ich an die Kraft des mündlichen Erzählens geglaubt, an die Chance, durch sie Menschen zu erreichen (auch und gerade die, die ich mit einem Buch nicht erreichen kann) und daran, dass diese Kunst nur mit dem Publikum gemeinsam entsteht. Es gibt keine mündliche Erzählkunst vor einer Wand. Ein großer Grund für Bescheidenheit und Hochachtung vor genau diesem Publikum. Bereits in vielen Interviews habe ich erklärt, was mein Publikum auch weiß, nämlich, dass ich jeden Erzählabend als Unikat vorbereite. Keiner ist identisch mit dem anderen, auch wenn das Thema das Gleiche ist. Auch nach 40 Jahren noch. Es stellt für mich immer wieder eine Herausforderung dar, die mich genauso neugierig wie mein Publikum macht. Immer wieder passiert es in Großstädten und ihrer Umgebung, dass Zuhörerinnen und Zuhörer drei, vier Lesungen hintereinander in mehreren Orten hören, quasi mir nachreisen. Sie kommen dann zum Abschied und bedanken sich dafür, dass kei-

ne Lesung der anderen glich. Ich scherze mit ihnen und sage dann: »Ich habe euch bemerkt und deshalb habe ich immer andere Episoden gewählt.«

Nur durch eine sehr gute und immer wieder aufs Neue durchgeführte Vorbereitung kann man dann auf der Bühne auch Überraschungen ohne Blackout überwinden: Eine betagte Zuhörerin, die (in Köln) eine Herzattacke bekam, musste von einem herbeigerufenen Notarzt und seinem Team gerettet werden, mein Publikum folgte mir nach der Unterbrechung bereitwillig weiter in der Geschichte.

Ein anderes Mal beschimpfte mich in Hamburg ein aggressiver syrischer Diktaturanhänger bereits vor der Lesung und verließ mitten in der Erzählung theatralisch den Saal.

Anhaltend und lautstark weinende Babys, ein elektronischer Streik der Lautsprecher, Krach zwischen dem Publikum und dem Hausmeister wegen Überfüllung des Saales und anderes gehören leider auch zu den Bereicherungen meiner Erzählabende. Nur die Handyklingelstörungen gehören mehr und mehr der Vergangenheit an.

Daher kann sich ein mündlicher Erzähler nie gründlich genug vorbereiten.

Aber ich schreibe ja *auch* deshalb, damit ich reisen und immer neue Geschichten erzählen kann. Andere Kollegen mögen es hassen, vor Publikum aufzutreten, für mich sind die Auftritte wie ein Lebenselixier. Der beste Ansporn zum Schreiben.

Im Verlauf der neunziger Jahre wurden die Säle für meine Veranstaltungen immer größer und voller und da ließ der Neid nicht lange auf sich warten.

»Der orientalische Märchenerzähler«, oder »der Liebling der Frauen«, hörte ich. Manch ein gehässiger Kommentar schrappte nur knapp an einer rassistischen Äußerung vorbei, die eine Anzeige verdient hätte. Am Anfang reagierte ich wütend. Dann sagte ich mir, weder Exotik noch Charme noch ein Mitleidbonus wirken bei einem Vortrag (oder auch bei einem Buch) länger als fünf Minuten. Danach muss die Qualität entscheiden. Das andere, was mir mein Nachbar Salim, ein witziger Kutscher, zu diesem Thema einst in Damaskus gesagt hatte, beruhigte mich noch mehr: Neid ist das einzige Verbrechen, das dem Täter mehr schadet als dem Opfer.

Merkwürdigerweise musste ich noch bis zum Jahre 2009 die süffisante Andeutung hören (sogar von einem geschmacklosen deutschen Journalisten in Zürich), dass meine Literatur deshalb erfolgreich sei, weil Frauen mich mögen. Ob ich ein *Frauenversteher* sei, fragte er mich süffisant auf der Bühne. Ich war vorgewarnt, man hatte mir von seinen Komplexen Frauen gegenüber erzählt, und so konnte ich gelassen erwidern: »Ich weiß nicht, ob ich Ihnen erklären muss, dass Frauen genau wie Männer komplizierte Wesen sind. Ich glaube aber, Sie haben ein Problem mit Frauen und können sie deshalb nicht verstehen.« Im Saal brach Jubel aus. Hinter der Süffisanz des Moderators steckte eine ausgeprägte Frauenfeindlichkeit, nicht rüpelhaft ausgelebt wie am Kölner Bahnhof in jener Silvesternacht, sondern gespielt vornehm vorgebracht, in Anzug und Krawatte in Zürich.

Das Ganze zeugte aber auch von einer Dummheit und Ignoranz, die man weder in der schönen Stadt Zürich noch in irgendeiner anderen europäischen Stadt erwartet hätte, sondern eher in Saudi-Arabien.

Der Kerl ging beleidigt von der Bühne und verließ demonstrativ den Saal. Es wurde dann noch ein sehr heiterer Erzählabend.

## Vierte Attacke
*Márquez für Konsalik halten*

Es war Ende der neunziger Jahre, als ich von einem angeblich großen Literaturkritiker hörte, er lese keine lateinamerikanische, arabische, persische, afrikanische, indische, japanische oder chinesische Literatur. Er könne nämlich nichts damit anfangen. Aber er habe Verständnis für Verlage, die »so etwas« veröffentlichen, da diese Literaturen erfolgreich seien, mit ihnen könne man dann ja wichtige deutsche Romane finanzieren (die allerdings keiner liest).

Es hat mich damals sehr verwundert, dass ein solcher Kritiker »groß« genannt wird und in einer liberalen Zeitung arbeitet. Dieser Literaturkritiker hatte zudem eine Engelsgeduld mit echten deutschen Autoren, also denen, die in Deutschland von deutschen Eltern geboren sind. Deutschsprachige Autorinnen und Autoren ausländischer Herkunft rechnete er zu den Afrikanern oder Chinesen, auch den hier geborenen Autoren nichtdeutscher Herkunft gab der Herr keine Chance. Er hatte seine Geduld, Großzügigkeit und Sensibilität bereits bis zum letzten Tropfen für die »echten« Deutschen verbraucht. Und es ist ja wirklich anstrengend, an einem schlecht recherchierten, scheußlich formulierten Werk etwas Gutes zu finden.

Auf diese Weise sorgte er, so gut er konnte, dafür, dass seine Schützlinge Arbeitsstipendien bekamen. Die schlechten Autoren wissen wohl, dass sie schlecht sind und dass das Lob gelogen ist, deshalb werden sie zu Claqueuren für den »großen« Kritiker. Uns andere Autoren dagegen verschonte er nicht mit seinen Tiraden, die keinen Hehl aus seinem Desinteresse machten.

Er erinnerte mich an meinen Nachbarn, der während der wenigen Tage Karneval und Fasching stets sein ganzes Lachen, seine Leichtigkeit und Heiterkeit verbrauchte und den Rest des Jahres schlecht gelaunt, abweisend und missmutig verbrachte.

Als Wole Soyinka 1986 den Nobelpreis für Literatur bekam, kritisierte dieser Literaturkritiker in einer Talkshow das schwedische Komitee, weil es Autoren auswähle, deren Namen man nicht einmal aussprechen könne. Und er sprach absichtlich und übertrieben nicht nur den Namen des nigerianischen Autors, sondern Jahre später auch die Namen zweier weiterer Nobelpreisträger (Nagib Mahfuz, 1988, und Kenzaburo Ōe, 1994) so aus, als würde er seine eigene Dummheit besonders witzig finden. Das Publikum klatschte begeistert (vielleicht auch erst auf einen Wink hin), als wäre das ein Gag von Woody Allen.

Als ich mich entrüstete, versuchte ein Freund mich zu beschwichtigen, das sei typisch deutsch. Das überzeugte mich nicht. Johann Wolfgang von Goethe, erwiderte ich, Friedrich Schiller, Heinrich Heine, Johann Gottfried Herder, Kurt Tucholsky, Walter Benjamin, Anna Seghers, Hermann Kesten, Ernst Toller, Nelly Sachs, Hilde Domin und viele andere seien auch Deutsche, in deren Herz aber Platz für die ganze Welt war.

Nein, dieser Kritiker setzte das Werk seiner kolonialistischen Vorfahren fort. Diese haben ganze Kontinente ausgeraubt, die Gastfreundschaft genossen und sicher oft missbraucht und schrieben dann hier in europäischer Ferne nur Diffamierendes über jene Völker.

Fast zur gleichen Zeit erzählte mir ein Journalist, der in Bonn Literaturwissenschaft studiert hatte, sein Professor der Germanistik habe im Hörsaal erklärt, er wundere sich, dass sich Wissenschaftler mit dem Werk von Gabriel García Márquez beschäftigen. Er könne mit den Romanen dieses Autors nichts anfangen. Er sei der Konsalik Lateinamerikas.

Márquez hatte Jahre zuvor den Nobelpreis bekommen. Sein Werk ist ein gewaltiger Fels, ein Panorama des Lebens. Nicht nur *Hundert Jahre Einsamkeit*. Mein Favorit war sein wunderbares Werk *Der Herbst des Patriarchen* und seine unnachahmlichen Essays. Er hat eine ganze Generation von Autoren weltweit beeinflusst. Das war diesem Herrn Professor anscheinend in seiner staubigen Kammer wohl entgangen.

Fünfte Attacke
*Diktaturen suchen Polituren*
Im Jahre 2004 waren die arabischen Länder Ehrengast der Buchmesse in Frankfurt. Zwei Tage vor Beginn der Buchmesse überraschte mich eine Nachricht. Die Arabische Liga, vertreten durch Mohamed Ghoneim, dem »Direktor des arabischen Programms während der Buchmesse«, fragte mich über einen deutschen Vermittler, ob ich eine Auszeichnung als bester deutscher Autor arabischer Herkunft annehmen würde.

Ich lehnte den Preis ab, nicht nur weil die Liga, ein politisch wie kulturell gescheiterter Club der Diktatoren, nur mit meinem Namen hier in Europa protzen wollte, sondern auch aus Achtung vor der Freiheit des Wortes und vor allen mutigen Menschen, die in den arabischen Ländern verfolgt, gedemütigt und gequält werden, nur weil sie aufrichtig ihre Gedanken ausdrücken. Ich lehnte und lehne also jedweden Preis eines arabischen Regimes ab. Das Verbot meiner Bücher in fast allen arabischen Ländern betrachte ich als höchste Auszeichnung, die die dortigen Regime mir zukommen lassen können.

Was mich aber bei dem, was mir 2004 im Vorfeld der Frankfurter Buchmesse widerfuhr, zusätzlich angewidert hat, war die Tatsache, dass der eingeschaltete deutsche Vermittler niemand anderes war als der oben erwähnte »Literaturförderer«, der meine Haltung bereits seit dem Horizonte-Festival von 1989 und unserem Aufeinandertreffen ein Jahr später kennen sollte. Er muss offensichtlich unter Gedächtnisschwund gelitten haben.

# Die Unbelehrbaren

Mich wundert es, wie wenig manche Menschen aus ihren Niederlagen lernen. Im Frühjahr 2017 arbeitete ich gerade an den letzten Korrekturen dieses Buches, als mir ein befreundeter arabischer Journalist den Link zu einem Artikel vom 30. April 2017 in der *Al-Araby Al-Jadeed* über die Lage der arabischen Literatur in Deutschland geschickt hat. Darin äußern sich die selbsternannten Experten, weshalb ihre Übersetzungen ins Deutsche nicht gelesen werden – in einem Land, das so offen für alle Literaturen der Welt ist. Die Antworten spiegeln ihre kleinen Krämerseelen wider. Sie haben uns aber diesmal bei ihrem Lamento von zwei Gründen verschont, die sie früher immer in den Mund genommen haben, wenn sie mit arabischen Medien sprachen: Zionismus und Imperialismus. Damit konnten sie damals bei den Medien der Diktaturen Eindruck schinden. Ich musste früher lachen, wenn ich las, dass diese angepassten Arabisch-Übersetzer beziehungsweise die eine Übersetzerin dem Zionismus und Imperialismus Angst eingejagt haben.

Dass die Herren und die Dame in dieser Reportage neulich diese zwei mächtigen »Verhinderer« ihrer revolutionären Übersetzungen nicht erwähnt haben, ist nicht das Resultat ihrer vernünftigen Ernüchterung, sondern, weil die neuen arabischen Medien ihnen das nicht mehr abnehmen.

Sie konnten aber auch in diesen Gesprächen ihren Neid und Hass gegen mich nicht verschweigen, aber das ist inzwischen nur noch eine langweilige Gebetsmühle.

Interessanter ist jedoch, dass sie die zwei wichtigen Gründe ihres Scheiterns in einer Art von Selbstlüge nicht erwähnt haben: Erstens, sie haben sich jahrzehntelang an Regimeautoren gehalten, die außer dem Regime in ihren Ländern kaum jemand interessieren; und zweitens, ihre Übersetzungen sind schlicht und einfach schlecht. Bei dem einen, der sich in den arabischen Medien gerne den »Scheich der Übersetzer« nennen lässt, kann man als Leser nicht unterscheiden, ob der Erzähler ein Libanese, Ägypter, Sudanese oder Palästinenser ist. Seine Erzähler sind dazu geschlechtslos und sie haben alle die gleiche Sprache: ein Bürokratendeutsch.

Borniertheit ist eine Kunst, die nur Dummköpfen gelingt.

# Heimatgefühle

Bei mir scheiterten 1001 Versuche der Assimilation in Deutschland, denn als geübter Angehöriger einer zweifachen historischen Minderheit (Aramäer unter den Arabern und Christ unter den Muslimen) blieb ich auf der Hut vor jedweder Verführung. Und lange lautete meine stereotype Antwort auf die Frage, ob ich Deutschland als meine Heimat betrachte: nein. Erst seit ich selbst zu einem deutschsprachigen Schriftsteller geworden bin, gelingt einigen deutschen Schriftstellern auf unnachahmliche Art, was alle Anpassungs- und Integrationsversuche nicht geschafft haben: Sie geben mir ein wahres, sehr vertrautes Gefühl von Heimat. Denn diese Herrschaften sind so ungastlich, so unfreundlich, so ignorant der Literatur ihrer hier lebenden ausländischen Kollegen gegenüber und doch zugleich so neidisch auf deren Erfolge, dass ich endlich echte und unverwechselbare heimatliche Zugehörigkeit fühle. So gehässig reagieren nur Araber auf Araber, Juden auf Juden, Türken auf Türken und Deutsche auf Deutsche. Und damit ist der endgültige Beweis erbracht: Deutschland ist meine Heimat und ich bin angekommen.

# Zum Schluss ein Lob auf das Exil

Die arabischen Diktatoren übertrafen und übertreffen ihre Verwandten in Lateinamerika und Afrika durch die Dreistigkeit, die ihnen ihr Reichtum durch das Erdöl erlaubt. Ich habe mich während der Arbeit an meinem Roman *Die dunkle Seite der Liebe* lange damit beschäftigt. Es gibt in der Geschichte keine Diktatur, die länger und widerstandsloser geduldet wurde als die arabischen Diktaturen. Das ist unser historisches Pech in der Opposition. Der berühmte Satz eines Folterers, mit dem er den Gefangenen psychisch fertigmacht, ist: »Ich kann mit dir machen, was ich will. Du bist mir ausgeliefert. Der Welt bist du gleichgültig. Sie hat dich längst vergessen.« Das war in Syrien Wirklichkeit.

Mein Exil rettete mein Leben und vor allem meine Zunge. Ich verdanke Deutschland nicht nur eine Sprache, sondern und zuallererst die Freiheit. Ohne diese Freiheit wäre ich nicht Rafik Schami geworden.

Hier schlief ich zum ersten Mal mit der Sicherheit ein, dass ich am nächsten Morgen in Freiheit wieder aufwachen würde. Zum ersten Mal konnte ich sprechen, ohne mich vorsichtig und ängstlich umzudrehen, zum ersten Mal das, was ich meine, deutlich und unverschlüsselt sagen.

Es fällt leicht, die Nachteile eines Exils aufzuzählen. Und sie sind den Menschen spannender zu vermitteln als die Vorteile. Mit einem Satz möchte ich mein Lob auf das Exil zum Ausdruck bringen: Ohne mein Exil in Deutschland gäbe es meine Romane und Geschichten nicht, und ich selbst wäre mit Sicherheit ein anderer geworden. Wenn ich also sage: Ich bin meinem Exil dankbar, dann ist das nüchtern und hat sehr reale Gründe.

Zu meiner Freude über mein Leben in Freiheit und über den hier möglichen Weg als Schriftsteller gehören natürlich auf der anderen Seite die Schmerzen der Trennung von meiner geliebten Stadt Damaskus und den von mir geliebten Menschen dort. Auch Anfeindungen hier im Gastland gehören dazu, denn ohne diese wäre es wohl kein Exil, sondern das Paradies. Und da will ich jetzt noch gar nicht hin.

Übrigens hängt in meinem Arbeitszimmer mir gegenüber an der Wand der von meinem Freund Ismat Amiralai kalligraphierte alte arabische Spruch: Geduld und Humor sind zwei Kamele, mit denen du jede Wüste überqueren kannst ...

## Anmerkungen für Neugierige

*Seite 9 – Auch wer gegen den Strom schwimmt, wird nass:* Eine Relativierung des Spruchs »Wer zur Quelle will, muss gegen den Strom schwimmen«, den man Hermann Hesse zuschreibt.

*Seite 9 – Der Fliegende Baum,* in: Das letzte Wort der Wanderratte. Neuer Malik Verlag, Kiel 1984, S. 6. dtv, München, 13. Auflage 2016, S. 7. *Die Mohnblume,* in: Der erste Ritt durchs Nadelöhr. Neuer Malik Verlag, Kiel, 1985, S. 126, dtv, München, 10. Auflage 2006 S. 101.

*Seite 15 – Ein Alptraum,* geschrieben in Damaskus, Heft III, 1969/1970. Vom Autor überarbeitet und übersetzt 2017.

*Seite 18 – Kulturschock:* Den Begriff »Culture Shock« führte die amerikanische Kulturanthropologin Cora DuBois bei einer Rede in Chicago im November 1951 ein.

*Seite 21 – Plato:* »Es scheint, daß unsere Herrscher allerlei Täuschungen und Betrug werden anwenden müssen zum Nutzen der Beherrschten. Und wir sagten ja alles dergleichen sei nur nach Art der Arzenei nützlich.« Platon: Der Staat, Platons Werke von Friedrich Schleiermacher. Akademie Verlag Berlin 1985, Quelle eBook: Online-Bibliothek: http://www. alexandria.de/ S. 177, bzw. ebenda, 10. Buch S. 352ff.

*Seite 22 – Bücherverbrennungen:* Die Naziverbrecher haben nichts Neues erfunden; bereits die Chinesen verbrannten Bücher, die den Herrschenden nicht genehm waren, die Spanier und die Araber ließen unbequeme Bücher verbrennen bzw. ertränken. Die arabischen Historiker beweinen die Zerstörung der Bücher in Bagdad und Damaskus durch die Mongolen, aber verschweigen, dass es immer in der arabischen Geschichte Büchervernichtung gab, siehe:

ناصر الحزيمي، حرق الكتب في التراث العربي. منشورات الجمل بيروت 2003.

*Seite 22 –* Solschenizyn, Alexander: Der erste Kreis der Hölle. S. Fischer, Frankfurt/M. 1968, S. 474.

*Seite 24 –* Domin, Hilde: Gesammelte Essays. Heimat in der Sprache. Piper, München 1992. S. 14.

*Seite 29 – Gaddafi als Romancier:* Dr. Ahmad Abu Matar,

ein palästinensischer Kritiker und Literaturwissenschaftler, der im norwegischen Exil lebt, schrieb eine vernichtende Kritik gegen die opportunistischen arabischen Intellektuellen und Schriftsteller, die ihren Namen in jede Liste einschrieben, die die Diktatur verdammt, obwohl sie jahrelang davon lebten, die Diktatoren zu besingen. [http://elaph.com/Web/opinion/2011/4/645064.html]

Eine ägyptische Autorin ist ein ganz besonders eindrückliches Beispiel. Sie lobte auf einem Festival in Libyen für ein dickes Honorar vor laufender Kamera und hunderten von Zeugen die Genialität des Romanciers Gaddafi. Und dies noch im Jahre 2009! Doch wenn man denkt, das könne nicht mehr übertroffen werden, irrt man sich. Ein libyscher Autor behauptete nach dem Sturz von Gaddafi, er sei der erste Feind des libyschen Diktators gewesen. In Wirklichkeit hatte er meterweise Lobeshymnen auf Gaddafi geschrieben und leitete die Kommission, die sog. Jury für den Gaddafi-Preis. Er lebte vergnügt in der Schweiz und in Libyen auf Gnaden des Diktators.

*Seite 31* – Malkowski, Rainer: Im Dunkeln wird man schneller betrunken. Nagel & Kimche, Zürich 2000, S. 18f.

*Seite 34* – *... denn der Blickwinkel haftet an seinem einzigartigen Träger:* Rafik Schami: Der brennende Eisberg. Eine Rede, ihre Geschichte und noch mehr. Waldgut, Frauenfeld 1998, S. 89f.

*Seite 34* – *über Joseph Conrad:* Trepte, Hans-Christian: Von der mündlichen Mehrsprachigkeit zum literarischen Sprachwechsel bei Joseph Conrad, in: ZiG, Zeitschrift für interkulturelle Germanistik, 6. Jahrgang, Heft 2. transcript Verlag, Bielefeld 2015, S. 73ff und ebd., S. 76.

*Seite 35* – *über Vladimir Nabokov:* Ha, Jin: Der ausgewanderte Autor. Arche, Zürich-Hamburg 2014, S. 74. Noch heftiger geht er gegen Joseph Conrad in einem Interview mit dem Playboy-Magazin vor: »I cannot abide Conrad's souvenir-shop style, bottled ships and shell necklaces of romanticist cliches«, in: Playboy 3/1964. Quelle: http://www.lib.ru/NABOKOW/Inter03.txt

*Seite 35 – Eliza Orzeszkowa:* siehe Trepte, Hans-Christian, a.a.O., S. 79.

*Seite 41 – Meine Erfahrung, in einer fremden Sprache zu erzählen:* Zwei Bücher seien hier erwähnt: Vom Zauber der Zunge. dtv, München 1996; Die Frau, die ihren Mann auf dem Flohmarkt verkaufte. Carl Hanser Verlag, München 2012.

*Seite 43 – Das mündliche Erzählen ins 21. Jahrhundert transformieren:* Siehe den Antrittsvortrag der Grimm-Professur an der Universität Kassel: »Sprich, damit ich dich sehe«. Dort gehe ich ausführlich auf den Hintergrund meines mündlichen Erzählens ein. Veröffentlicht in: Die Frau, die ihren Mann auf dem Flohmarkt verkaufte. Carl Hanser Verlag, München 2011, S. 99ff.

*Seite 49 –* Dafür verhunzten die Deutschen ihre wunderschöne Sprache durch eine bürokratisch beschlossene, unnötige Rechtschreibreform.

*Seite 51 – Die Sprache wurde zu einer göttlichen Mumie:* Es war mir durch den Zugang zu großen arabischen Bibliotheken möglich, aus dem Exil heraus ein Buch über die Notwendigkeit der arabischen Sprachreform zu schreiben. Mein arabischer Verleger, Khalid al-Maaly (Al-Kamel-Verlag) hatte den Mut, das Buch in Beirut unzensiert herauszugeben. In diesem Buch zeige ich Möglichkeiten einer Reform auf, die in allen arabischen Ländern verboten ist. Qar'at Garass li Ka'in Gamil قرعة جرس لكائن جميل (Glocken läuten für ein schönes Wesen). Al-Kamel-Verlag, Beirut 2012.

*Seite 54 –* Schlink, Bernhard: Heimat als Utopie. Suhrkamp, Frankfurt am Main 2000.

*Seite 55 –* Bloch, Ernst: Das Prinzip Hoffnung, Bd. 3. Suhrkamp, Frankfurt am Main 1973, S. 1628.

*Seite 59 –* جنة = Daschanna = Paradies, üppiger Garten. Versteckt ist er in dem Sinne: Nur die Frommen, von all den irdischen Sünden freien Seelen dürfen es betreten. Der Wortstamm ist derselbe wie für das Wort Madchnun = Verrückter. Im Arabischen ist der Geist des Verrückten nicht ver_rückt, sondern nur versteckt.

*Seite 59* – Auf meine Frage hin, warum der Wein auf Erden verboten sein soll, wenn er im Himmel nur so fließt, antwortete ein Islamist: »Der Wein im Himmel macht nicht betrunken.« Dann ist das ein schlechter Wein für Ahnungslose, sagte mir ein Säufer.

*Seite 61* – *Rückständigkeit all der Länder, die von Sippen beherrscht werden:* Schon vor über 1000 Jahren hat der Enzyklopädist, Richter, Staatstheoretiker und Rechtsgelehrte al Mawardi (972-1058) in seinem Werk *Nassihat al Muluk* (dt. Ratschläge für Könige) davor gewarnt, dass ein Staat aus zwei Gründen zugrunde gehen kann: 1. Die Herrschaft zu vererben, da man auch einem unfähigen Thronfolger den Staat übergibt. 2. Das Fehlen der Opposition, die vor Fehlern warnt und schlechte Entscheidungen und Maßnahmen kritisiert.

*Seite 71* – *Exil ist eine gemeingefährliche Bestie:* Schami, Rafik: Die Sehnsucht fährt schwarz. dtv, 7. (überarbeitete) Auflage, München 1997, S. 220.

*Seite 74* – *Menschen an Verbitterung sterben lassen:* In drei Tagebüchern von ehemaligen politischen Gefangenen, die ich gelesen habe, wurde gleichermaßen erzählt, wie Wärter die neu ankommenden Gefangenen mit Fußtritten und Schlägen empfingen. Einer musste sich danach blutend und voller Schmerzen die Rede des Lagerkommandanten anhören: »In diesem Lager gibt es keinen Gott außer mir. Ich allein entscheide, wer von euch stirbt oder weiterlebt. Die Welt draußen existiert für euch nicht mehr und ihr nicht für sie.«

*Seite 75* – Homer: Odyssee. Aus dem Griechischen von Kurt Steinman, neunter Gesang, 25-35. Manesse, Zürich/München 2007, S. 125.

*Seite 78* – *An der Seite eines Exilanten:* Nach einer Anmerkung meiner Lektorin Frau Dr. Patricia Ober muss ich sagen, dass es natürlich auch Exilautorinnen und -autoren gibt, die mit einem einheimischen Mann leben. Ich weiß aber nicht, wie sich diese einheimischen Männer fühlen. Noch hat keiner darüber geschrieben. Es wäre spannend, wenn wir über deren Erlebnisse und Empfindungen etwas lesen könnten.

*Seite 80 – ... längstens ein paar Jahre:* Ich pflegte zu sagen, ich hätte mich nur um eine Null geirrt, als ich vermutete, dass sich das Assad-Regime höchstens vier Jahre halten würde.

*Seite 80 – Al Dschahiz: Die Sehnsucht nach der Heimat;* ein kleines aber einzigartiges Werk. الجاحظ، الحنين إلى الأوطان، دار الرائد العربي، بيروت، 1982، صفحة 15.

*Seite 80 – Elend:* elend Adj. ›bedrückt durch Not, Armut, Unglück, ärmlich, leidend‹. Das zusammengesetzte Adjektiv ahd. *elilenti* (8. Jh.), mhd. *ellende* ›aus der Fremde kommend, nicht einheimisch‹, substantiviert ›Fremdling‹, ferner ›in der Fremde lebend, (aus der angeborenen Rechtsgemeinschaft) ausgewiesen, verbannt‹, substantiviert ›Vertriebener, Verbannter‹, seit dem 11. Jh. auch ›bedürftig, unglücklich, jammervoll‹ ... Aus dem Adjektiv entwickelt sich das Substantiv Elend ›Not, Armut, Unglück‹, ahd. *elilenti* ›Fremde, Aufenthalt in der Fremde (im anderen Land), Heimatlosigkeit, Verbannung‹ (9. Jh.), auch ›leidvolles Dasein‹ (um 1000), mhd. *ellende*, asächs. *elilendi*, mnd. *elende*, aengl. *ellende*. Noch im 18. Jh. begegnen uns Verwendungen, die die alte Bedeutung ›Fremde‹ resthaft bewahren (*ins Elend gehen, schicken*). Vgl. Etymologisches Wörterbuch nach Pfeifer, Online, im DWDS. Auch Duden (Band 7) Etymologie, Das Herkunftswörterbuch. S. 134, Mann-heim 1963.

*Seite 83 – Sitten und Gebräuche erscheinen dem Fremden völlig ungewohnt:* Siehe die Geschichte: *Der Leichenschmaus*, in: Eine deutsche Leidenschaft namens Nudelsalat. dtv, München 2011, S. 37.

*Seite 93 – Tucholsky, Kurt: Was darf Satire?,* in: ders.: Gesammelte Werke. Rowohlt, Reinbek 1975, Bd. 2, S. 43.

*Seite 103 – ... eine innere Welt:* Darin sind all unsere Erfahrungen, Erinnerungen, Träume, Wünsche, Ängste, unsere körperliche und geistliche Befindlichkeit ... mit anderen Worten: das was uns ausmacht, enthalten.

*Seite 110 – Massaker in der Stadt Hama:* Siehe dazu [https://www.bpb.de/politik/hintergrund-aktuell/241689/massaker-von-hama] oder [http://www.deut schlandfunk.de/die-toten-von-hama.724.de.html?dram: article_id=100452]

*Seite 134 –* Tucholsky, Kurt: *Avis an meinen Verleger,* in: Die Weltbühne, 01.03.1932, Nr. 9, S. 345.

*Seite 143 – Mit aller Macht, die Übersetzung meiner Bücher ins Arabische verhindern:* 2010 verhinderten Mitglieder einer Kairoer Jury, darunter drei Deutsche und ein Syrer, die Unterstützung einer Übersetzung meines Romans *Das Geheimnis des Kalligraphen* ins Arabische. (Thema des Romans: Die Lebensgefahr, in die ein berühmter arabischer Kalligraph und Sprachreformer geriet, den die Islamisten schon lange im Visier hatten.) Ihre abfälligen Bemerkungen über den Roman und ihre Empfehlung, der Übersetzer solle einen anderen Autor übersetzen, gelangten durch eine Dummheit einer Mitarbeiterin der organisierenden Stiftung zum Übersetzer und von ihm zu mir.

*Seite 144 – Zeitung der syrischen Abteilung der arabischen Schriftsteller-Union: Dscharidat al usbuʿ al adabi,* Nr. 1055 vom 12.5.2007 (12/5/2007 تاريـخ 1055 العدد الادبي الاسبوع جريدة).
Der Autor des Artikels war bereits als Student im Frankfurt der Achtzigerjahre für das syrische Regime tätig. Dieser Mann ist von besonderer Charakterlosigkeit. Als es eng um seinen Herrn Assad wurde, schleimte er sich vor ein paar Jahren bei den Deutschen ein und siedelte nach Westfalen um, wo er aber nach wie vor seine Dienste leistet mit billiger Propaganda für das Regime. Und man kann es kaum glauben: Es gibt naive Deutsche, die ihn als gemäßigten Oppositionellen betrachten.

*Seite 148 – Ich kritisierte sie öffentlich*: u. a. Schami, Rafik: *Makler der Kultur* u. a., in: Listen Nr. 18, Frankfurt 1989, S. 32.

*Seite 154 – … von einem geschmacklosen deutschen Journalisten:* Ein Freund machte mich etwas verwundert darauf aufmerksam, dass jener Journalist ein Busenfreund von einem mir bekannten Rassisten und ehemaligen Kommunisten sei. »Es ist einfach so«, sagte ich dem Freund, »gleiche

Gesinnung rottet Menschen zusammen und sie werden zu einer Meute.« Durch meine Beobachtung erkannte ich, dass Frauenverachtung und Fremdenhass eine Symbiose in der Seele der Rassisten bilden. Ein Rassist kann Frauen nicht achten. Auch wenn er behauptet, er liebe Frauen, lügt er. Er liebt sich selbst. Die Frau dient nur der Befriedigung seiner Gelüste.

*Seite 157* – Die Arabische Liga wurde 1945 auf Initiative des britischen Außenministers Anthony Eden im noch kolonialisierten Ägypten gegründet, um die Interessen Großbritanniens langfristig zu sichern.

*Seite 159* – *Al-Araby Al-Jadeed* (ein Artikel über die Entwicklung der Übersetzung arabischer Bücher auf dem deutschen Buchmarkt): عارف حمزة ترجمة الكتّاب السوريين للألمانيّة،
سوق ومزاج وأرباح، الضفة الثالثة، العربي الجديد في 30 ابريل/ نيسان 2017.

*Seite 159* – *Bei den Medien der Diktaturen Eindruck schinden:* In meinem Archiv habe ich ein Interview aufbewahrt, in dem einer dieser Herren begründet, warum er meine Literatur nicht schätzt. Sie sei ihm zu unpolitisch. Das muss man sich vorstellen: ein Deutscher, der überall in den arabischen, diktatorisch regierten Ländern ein- und ausgeht, wirft einem syrischen Exilautor, der seine Heimat 45 Jahre nicht betreten durfte und dessen Bücher bis vor ein paar Jahren in allen arabischen Ländern verboten waren, vor, er sei ihm zu unpolitisch.

# Mehr von
# RAFIK SCHAMI

**BESUCHEN SIE UNSER AUTOREN-SPECIAL:**
www.rafik-schami.de

www.dtv.de  dtv

»Rafik Schami schafft es,
uns an die Hand zu nehmen,
uns ins Ohr zu flüstern
›Und es begab sich ...‹ und siehe,
wir folgen ihm.«

Fritz J. Raddatz in ›Die Zeit‹

BESUCHEN SIE UNSER AUTOREN-SPECIAL:
www.rafik-schami.de

www.dtv.de